故事思考

STORY THINKING

古川健介 著

江宇婷 譯

讓「過程」變得精采，專屬於你的人生設計術

物語思考「やりたいこと」が見つからなくて
悩む人のキャリア設計術

本書的使用方式

●這世上大多事情都跟做法指南傳授的一樣

很多人都有「找不到想做的事情」的煩惱。尤其年輕人感覺更是拚了命在尋找自己想做的事。

但說到頭來，人為什麼會去追求「想做的事」呢？

大概是因為懷抱著「希望找到想做的事，不必在乎他人眼光，也不用胡思亂想，並傾注自己的人生專注在那件事情上」的理想。

反之，滿腦子只有「想要錢！」、「想開名車、戴名錶，受人歡迎！」的這種人最近就比較少見了。無論如何還是對於「想度過盡全力邁向夢想的人生！」這樣的需求比較強烈呢。這個社會既和平又豐足真是太好了。

我經常在網路上發表自己的想法，所以很多人會來找我商量這方面的煩惱，在面對他們的問題時，我常會給出如下建議。

「在學會游泳之前，不會知道自己喜不喜歡游泳對吧？所以還是要試著游一次比較好。同樣的道理，要不要試著先接觸看看自己可能感興趣的事物呢？」

這就是在商業書籍上常見的「總之先採取行動」的提議。然而聽到這種建議的人，大多在當下都會想著「這樣啊！」並湧上幹勁，但沒過多久就會出現「心感不安而無法採取行動」的煩惱。

那麼，究竟該如何是好呢……我試想了一下狀況，並認為那股「不安」可以分成下列三種類型。

第一種是覺得「別人會不會認為自己很奇怪？」、「雖然嘗試了，卻因為不適合自己而立刻放棄的話，會不會被人瞧不起？」、「要是做得不順利豈不是很丟臉嗎？」這種「在乎他人目光型」。

第二種是會想「如果眼睜睜錯過良機該怎麼辦？」、「未來要是沒辦法靠這個賺錢，只能過貧困生活該怎麼辦？」的「對未來感到不安型」。

第三種則是「害怕改變」的「想維持現狀型」。

反過來說，如果能跨越不安採取行動，不就能解決問題了嗎？思及此，為了提出解方，我便動筆寫下本書。

● 有很多商業書籍都不好用

市面上有很多針對「希望找到想做的事」的人所出的書。大多都是「找出自己喜歡的事物！」、「專注其中！」、「不要害怕風險勇於採取行動！」的感覺對吧。但我想應該很多人都只有在剛看完這類書籍的幾天會有「好，來實踐吧！」的幹勁，不久後又回到原本的生活了。

這種商業書籍或行動知識類型的書籍可以讓人一時提升幹勁，當作一時提升幹勁的「能量飲料」具有不錯的效果，但以長期觀點看來，還是沒那麼好用。

本書主要針對「就算叫我去找想做的事，也不知道該從何找起」以及「就算叫我採取行動也辦不到」的讀者而寫。

既是給不知道該怎麼做才好的人的「教學手冊」，也是一本提供最直接「做法」的書。因此內容幾乎沒有精神理論。

只是傳達出「我覺得這樣做比較好喔」的一本指南。不像能量飲料般的商業書籍，完全不會有讓人提起幹勁、感覺到救贖的效果。就跟說明書閱讀起來一點也不刺激有趣是一樣的道理呢。

所以，對於已經找到夢想的人和不斷付諸行動的人來說，應該會覺得這是一本囉嗦得要命的書。

●我也曾是個沒有行動力的人

向各位介紹晚了，我是古川健介，在經營一間叫「ＡＬＵ」的創作類型網路公司。在網路上活動時用的是「KENSUU」這個名稱。

我會針對「找不到想做的事」、「無法採取行動」的人寫下這本書，是因為我以前正是這樣的人。

打從國小，我就是個不會念書、運動完全不行，美術跟音樂成績也很差，基本上「什麼都做不好」的人。個性不開朗，還缺乏社交能力，是個未來令人擔憂的孩子。

到了高中，連我也開始擔心自己再這樣下去真的沒問題嗎……於是定下「好，總之就進公司當正職人員吧」的籠統目標。沒有什麼遠大的夢想，只是抱持著「先考上大學，再找個工作，總是會有辦法的吧」的念頭而已。

但我學業成績不好，所以就先去上了補習班，那裡帶給我一段滿強烈的體驗。

平常在學校教書的老師要不是滔滔不絕地說著「何謂學問」，就是「念書對未來有幫助所以很重要」的人，所以我也一直以為就是如此，然而……

補習班的老師卻是「無論如何只要能在大考中考出好成績、順利上大學就好，所以，在此要教各位的是得分守則」。

至今我一直以為學習就是一定要知道「該學問的本質」，還有「學習的美好」。然而補習班卻提供了「只是為了考上大學而考高分」這樣最直接的做法，這讓我感到相當舒坦。

真的照做之後，本來很差的成績也逐漸看到起色。以古文來說，像是「看到這個助詞時主詞就會改變」，英語則是「主詞跟補語當然是要畫上等號，也就是說，只要確認結構相似的地方，就能知道換句話說的內容」等等，都是多虧學到了這些可以讓人得分的「指南」。

從那時開始，我就產生了「這樣啊，世上大多事情只要照著指南做就沒問題了！」的想法。

雖然最後還是沒能應屆考上想念的學校而重考，但那時我認為「光是蒐集到可以考上的資訊也是賺到了」，因此比起念書，我選擇先架設一個考大學的考生專用的論壇網站。當時網路上幾乎找不到大考相關資訊，所以就試著做出讓使用者發表貼文、分享大考指南的平台。

大概許多人都有這樣的需求，網站後來成長到一天湧入超過五千則貼文的情況。我也基於在網站中得到的情報，在大學考試中考上私立大學最難進入的第一志願學校。

出社會後，我也到處找指南類型的書籍來看，並學習到工作能力，對於做法指南的熱情也沒有削減，於是在二〇〇九年時創立了以「製作指南」為主的公司。

那間公司提供的服務，巔峰時一個月會有兩千五百萬名使用者造訪。

●只要照著指南去做，任誰都能順利達成

我之所以如此喜歡做法指南，是因為**「只要照著指南去做，任誰都很有可能順利達成」**。一個不會下廚的人如果想做漢堡排，首先就該參考食譜吧。不看食譜就苦惱於「我不知道漢堡排該怎麼做……」，做失敗後又想「我沒有下廚的才能」並陷入消沉，這很白費功夫。

另外，就算想看書參考，如果把重點放在「最重要的是吃料理的人所展現的笑容」這種心得類型書，或是「不要只照著食譜去做，自己想出來的原創性才最重要」的應用階段書上，當然也沒有意義。

這些事情固然很重要，但如果不是閱讀適合解決當前問題的書，現狀就不會有任何改變。

若想成功做到某件事情，訣竅就在於「一開始不靠自己的腦袋思考」。許多事情都是本來就已經有行動知識了，所以就先照做看看。直到真的遇到必須靠自己的腦袋思考的領域前，建議盡可能利用指南，從最短路徑前進。

先記好漢堡排的食譜，會做了之後，再找出本質上的價值，或自己思考比較好。因為一定會在某個階段出現必須靠自己思考才行的情境，在那之前還是用最短路徑吸收他人的知識比較好。畢竟人類就是這樣進化至今……

所以說，我撰寫本書的目標就是寫出對於「希望找到想做的事，並實際採取行動」的人而言，一本像食譜的書。

具體來說，我希望以下這些人能閱讀這本《故事思考》。

- 心裡很清楚「採取行動比較好」，卻遲遲無法實際行動的人
- 沒什麼特別想做的事，就算有也覺得沒自信的人

・雖然不知道該做什麼，但想度過熱情又充實的人生的人

大概是這種感覺。

為了這樣的人，本書的結構會用以下幾個階段進行說明。

①解開限制自己的思考枷鎖
②設定理想中的角色形象
③實際讓角色採取行動
④打造出角色可以最活躍的環境
⑤用角色「推動故事」

當然，既然要寫下這本書，我也懷有「希望有很多人依循『故事思考』實踐，並變成這樣」的理想，這是很單純「希望讓許多人都能處在享受過程

本身的狀態」。

● 幸福與成功的差異

我認為，人生就該以「讓自己幸福」為目標。會針對這一點提出異議的人應該很少。大家都覺得幸福比較好。

只不過很多人容易產生幸福＝成功的想法。

所謂「成功」，就辭典上的意思，指的是「達成照常來說會有困難的目標」，例如「成為有錢人」、「成為大公司的老闆」。

這固然是一件很棒的事，但沒人知道這件事本身是否會帶來幸福。會這樣說，是因為那個狀態只是「達成目標」而已。

舉個極端的例子，假設有人的夢想是在公司裡出人頭地、當上老闆，於是每天都在處理大量的工作，還犧牲私人生活，即使被同儕疏遠也要躋身升官的道路，並將許多人踩在腳底下，才得以當上老闆……要說這是不是「幸福」就有點難以判斷了。

然而我們卻不禁產生「成功就是經過辛勞及努力，跨越各種苦難才能得到的東西，如此才叫幸福」的想像。或許是自然聯想到「既然成功是辛勞的回報，那麼成功就會伴隨著幸福」的公式吧。

不過有人是想著「要考上好大學」而努力，確實考上後，卻因為在大考過程中燃燒殆盡，導致整段大學生活都在消沉的狀態中度過，也有人儘管得到一輩子都不用工作的鉅款，卻因為生活太無聊而痛苦不已。

換句話說，即使達成目標，在某方面來說確實成功了，未必就能帶來幸福。

●所謂幸福，是現在（過程）充實的狀態

為了達成某個目標，經歷辛勞及討厭的事情是理所當然。我經營公司並從事提供服務的工作，但工作中有七到八成都是不想做的事、令人憂鬱的事和麻煩的事。

但我並不是抱著「做完這些事情想必會有好事等著，所以現在就先忍耐」的想法在工作。真要說的話，比較像是如實接受「每一天都有無數開心、喜悅的事，以及辛勞、討厭的事」的感覺。

就做商品來說，時常會發生一些很傷腦筋的事情，一直都覺得很辛苦，但與此同時，伴隨商品售出、客人開心的反饋，也有感受到相當喜悅的瞬間。

所以，**我認為像這樣夾雜欣喜與辛苦的日常，正是最令人感到充實，也是幸福度最高的生活方式**。

並非像「一整年都在做討厭的事，總算達到目標後，未來就會一直幸福下去」，而能宛如開關切換的概念。

換句話說，無論發生什麼事情，能感受到「現在過得很充實」，才是我們該追求的目標。

我希望透過本書吸收到「故事思考」的想法，讓更多人比起達成目標，能著重於感受到「現在這個狀態很開心」、「現在在做的事讓生活很充實」。

這與單純得到快樂是截然不同的事。人只要看到有趣的作品、開心地玩遊戲、享受美食、買自己喜歡的東西都能得到快樂。

這種快樂可以用金錢買到，但「一個客人花五千日圓買了商品」的喜悅就是買不到的東西。如果是跟夥伴們一起努力，絞盡腦汁所得到的結果，想必會感到更開心。

正因為有「現在」這個過程，才能感受到幸福。

● 並非增加成功者，而是讓幸福的人變多的一本書

就這層意思來說，這本書既非一般的「成功法則」，也跟「自我啟發」有點不一樣。

本書想表達的與其說是提升自我成長，更接近**「只要稍微改變一下思考模式，人生就會活得輕鬆一些，也能轉而進入幸福的狀態」**的概念。

要讓更多人成功或許很困難，但幸福只要改變自己的狀態就好，我覺得在實踐上容易許多。就算很難讓一個感到不幸的人，突然就對自己產生100％的幸福，光是讓100％的不幸變成80％，最後降低到50％左右，也是很了不起的一大邁進。

簡單來說，《故事思考》就是——

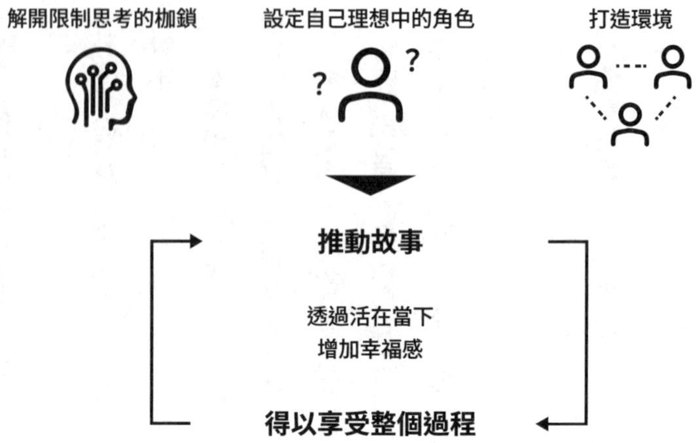

・讓更多人對當下感到充實，並得到幸福

・為此介紹各種方法

・那些方法就類似換個想法，或是找到能活得更輕鬆的道路

・為了讓人容易實踐而寫下具體內容

以上就是對於「這是這樣的一本書喔……」的說明。如果多少能提供希望找到想做的事情的人、苦惱於無法採取行動的人一些參考就好了。

Contents

目次

本書的使用方法

開場白

何謂「故事思考」？

1

section

解開思緒枷鎖，同時思考想成為怎樣的狀態

2 section 「角色」的塑造方式

section 3

讓「角色」採取行動

4 section 打造出角色可以最活躍的環境

5 section

推動故事發展

終章
故事沒有終點

開場白

何謂「故事思考」？

本書的目標是希望讀者們利用「故事思考」解開思緒的枷鎖，透過塑造自己的角色，採取行動並充實當下。

那麼，究竟什麼是「故事思考」呢？

一言以蔽之，就是「為了度過理想中的人生，索性想成是要做出一個故事比較好」。

把自己當主角，「像在讓故事發展一樣」度過這段人生。這就是「故事思考」。

這樣說感覺好像有點可疑，乍看之下宛如令人反感的自我啟發類型書籍，但說穿了，就是**「站在可以客觀審視自己的狀態，比較容易針對本質做出對策」**。

大家多少會為了「找不到想做的事」而苦惱、遇到「找不到夥伴！」的阻礙，或抱持「害怕挑戰」的不安對吧。但只要透過「故事思考」去想，就能在好的層面上感覺置身事外，大多事情也就能樂在其中地解決了。

按照一般的想法，挑戰及失敗都是很可怕的事。如果突然從明天開始就要去國外工作，想必會覺得相當可怕。比起這樣的選擇，即使某程度上有所不滿，還是維持現狀會比較安心對吧。

但換作「故事思考」，不去挑戰或不曾失敗的風險還比較高，因為沒有任何起伏的人生就一個故事來說一點都不有趣。如果主角沒打算離開現在生活的地方，就不會展開任何冒險，夥伴也不會增加，故事就變成只是無聊日常的流水帳。

也就是說，「故事思考」感覺起來滿接近像在「寫小說」。決定好自己這個「主角」想成為的形象，設定出一個「角色」，接著打造角色生活的環境，讓故事「發展起來」。藉由將自己視為故事中的角色，便得以置身事外地客觀看待。

即使是真要由自己來做就會害怕不已的事，只要想成不過是自己筆下故事中的角色在行動，反而會知道「啊，這時候應該要採取這種行動比較好」。

話雖如此，各位應該會覺得「就算叫我把人生當故事看待，也不知道該怎麼做才好啊！」，本書會詳盡說明這些方法。

●享受故事這個「過程」的日本人

我認為這個「故事思考」是正適合日本人的一種做法。令人感激的是，常有人來邀請我：「要不要寫書？」我每次都想：「放眼世界有這麼多好的商業書籍，用不著找我來寫吧」

但當我發現「故事思考」說不定是只有像日本這樣的國家才有的發想時，就決定動筆寫看看了。所以說，日本的讀者或許比較容易實踐吧。

其原因有二。

一是日本人本來就對於達成目標，有著更喜歡那段過程的傾向。如果用非常簡單的方式說明，歐美的想法偏向「這是神賜予的任務」，因此會不論手段達成目標。中國也有類似「上天的使命」這種思維。

講得現代化一點，美國跟中國就像「駭客文化」的感覺。為了達成使命會不擇手段，重點在於達成目標。

另一方面，像茶道跟武道等日本傳統藝能，用的都是「道」的說法。我認為這或許表現出比起「終點在哪裡」，更加重視「該怎麼做」的過程。

「道」基本上是沒有終點的。從這點也能看出**日本人比起抵達終點，應該更喜歡窮極邁向終點的過程**。如果歐美跟中國是「駭客文化」的話，日本就是「阿宅文化」。

美國會將一流的藝人稱為「名流」，由鍛鍊到完美的人展現出專業實力來娛樂大眾，但在日本，即使尚未訓練到完美也讓人想支持的偶像反而很受歡迎。

跟粉絲們所享受的，一起對於正在努力的偶像表達支持的「過程」一樣，可說與這個邏輯相符。

至於第二個是各位應該比較陌生的「依代文化」。日本不像歐美「有著頑強的自我」，比較容易根據不同場合改變自己的角色。

日本人在網路社群上，有著持有多個帳號的傾向。並非只有一個自我，而是容易隨著與人相處的距離感來決定自己的角色。在家的自己、在學校或社會上的自己、與朋友相處時的自己，不少人在身處各種情境時，都會展現出截然不同的一面。

另外舉個相似的例子，歐美與日本對於機器人的價值觀也有很大的差異。歐美認為要從一個指揮塔遠端操控比較好，畢竟存在危險，曾聽說他們對於「機器人並不是人」的感受很強烈。另一方面，日本則**有很多像《機動戰士鋼彈》一樣，由人進入機器人裡面進行操控的創作作品。**

正因為**日本人有著重視過程的傾向，以及某種程度上可以自在改變自己角色個性的一面**，所以比起歐美作風的「決定自己的任務，並朝著那個方向邁進」的方法論，我認為「決定自己的角色進而扮演到底」的「故事思考」或許還比較適合。

日本年輕人想要「認識自己的個性及自我，並決定自己人生的任務，再朝著該目標邁進」實為困難。從現狀看來，就算被人指示去做自己想做的事，也會因為不知道要做什麼而一直感到煩悶，並苦惱於「我究竟是想做什麼啊……」。

所以，**在「故事思考」當中並不是要設定一個「想做的事」，而是從「想像自己的理想狀態」開始**。就算要思考「想做什麼」（Do）很困難，想像「想成為什麼」（Be）就簡單多了吧。

被問到將來的夢想時，應該很多人都能流暢地回答出「想成為帥氣的大人」、「想成為土方歲三[1]那樣的人」吧。就是這樣的想像。

本書最基本的原則就是在想像了自己想成為的狀態之後，再決定自己的角色。

●關於本書的流程

在此就再更詳盡地說明本書的流程。

在第一階段，首先要一邊想像自己想成為的狀態，並進行解開「思緒枷鎖」的動作。幾乎所有人都沒辦法立刻採取行動。由於很多事情都是在要挑戰時，腦內的某個枷鎖就會下意識成為阻礙，因此必須將那些枷鎖一一解開。

到了第二階段，就要設定你的「角色」，這是最重要的一環。一樣是角色，如果只是「開朗的角色」、「豪邁的角色」這種詮釋不徹底的「角色」，就會無法順利進行下去。所以，在此階段會相對深入地解說角色設定的方式。

第三階段要思考讓角色採取行動的方法。透過讓角色行動，角色形象就會越加固定，所以在這階段要按部就班地進行。

第四階段要思考「如何打造環境」。人類是脆弱的生物，就算做出一個角色、開始採取行動，也會隨著環境變好或變壞。

要說環境決定一個人都不為過。所以在此會說明要怎麼設定角色，投入一個不會太過勉強並能持續下去的環境中，也會傳授不只有正面迎擊，即使經由旁道亦能掌握良機的方法。另外，還會解說如何增加在網路社群上支持自己的人。

1 編註：土方歲三為日本幕末維新時期歷史人物，是支持幕府的新選組領袖之一。

第五階段就是「推動故事的方法」。我將進行某種讓人生向前邁進的挑戰，稱作「推動故事」，並在此告訴各位具體方法。以故事來說，挑戰高難度的事，儘管會遇到失敗，但還是努力越過高牆的發展最好看了。但通常會讓人感到特別地恐懼和不安對吧？在此將從各個角度傳授跨越難關的方法。

終章要談論「故事沒有終點」這件事。一如「本書的使用方法」中所述，當下充實的狀態是最開心的，因此不是設定一個終點，讓一個故事開心持續地發展下去才是「故事思考」的本質。

那麼，這就進入第一階段吧。

1

section

解開思緒枷鎖，同時思考想成為怎樣的狀態

●解開思緒枷鎖，找出自己「想成為的狀態」

在邁入第一階段前，用了滿多頁數說明。話說在前頭，這本書基本上前言都會很長，因為如果先說明採用這種方法的道理，會讓人比較容易想像。

無論是正確的道理、奇怪的道理還是牽強的道理，在閱讀整本書時，我覺得還是要盡可能容易吸收書中所學比較好，所以才會用如此形式撰寫，如果覺得內容冗長，**還請隨意跳過再繼續往下看**。

那麼，總算要開始告訴大家實踐「故事思考」的具體方法了。在第一階段將針對無法採取行動的人傳授「解開思緒枷鎖」的方法。

如前述，不是要定下「想做什麼／想做的事（Do）」，而是「想成為什麼（Be）」比較好。因為要想像行動確實困難，但想像「想成為的狀態」其實意外簡單。

然而大多數人要做這件事時，想像都會不禁局限於相當現實的範疇內。以前我向一位前來商量的人說「如果沒有任何限制，請你寫下自己想變成怎樣」，結果對方給出的回答是「年收六百萬圓」。既然都說沒有任何限制了，要寫一千萬圓，甚至寫一億圓都不成問題才對，但思緒還是擅自決定了自己的極限。

我把這個稱作「思緒枷鎖」。所謂枷鎖，就是拘束手腳自由的東西。只要身上有這種東西，就會變成「追求一個對故事來說非常無聊的目標」，一點也不會讓人感到雀躍對吧。

所以說，第一階段正是解開思緒枷鎖，思考自己想成為的狀態。

●「想成為的狀態」才會給行動帶來影響

接下來將介紹如何具體說出「想成為的狀態」……不過在那之前，先來談談為什麼要自己掌握「想成為的狀態」，並具體說出來的重要性。

因為**比起「過去累積的經驗」，「未來想成為的狀態」對現在的行動才會帶來更大的影響。**

許多人都容易產生「因為有過去累積的經驗」才有現在的自己的想法，覺得「因為直到昨天都是這麼做，才會有現在的自己」。

這是在學校教育中也常被教導的事情，像是「每天念書學習的努力不會背叛自己」、「至今累積的經驗都不是白費」，常會聽到師長這樣說對吧。所以會讓人認為這種想法沒有錯。

但比起過去累積的經驗，其實設定好「未來的狀態」對現在的行動才會帶來比較大的影響。

只要想像一下，就會發現這邏輯其實很簡單。

假設有人「十年來每天都在打棒球」，十年來都一直這麼做，考慮到過去累積的經驗，那個人今天應該也會打棒球對吧？

然而，要是那個人經過一番深思熟慮之後，認真產生「未來想成為職業網球選手」的念頭，那會變成怎樣呢？今天恐怕就不會去打棒球，而會選擇練習網球了。

人類常會隨著惰性去做過去一直在做的事，所以會覺得過去的自己似乎給現在的自己帶來較大的影響，*然而實際上是未來想成為的自己，才會給現*

在的行動帶來更大的影響力。

像這樣決定了「未來想變成這樣」的狀態之後，也會跟著定下現在該採取的行動。

無論以前多麼不認真念書，產生「想考進東大」念頭的人，現在就會開始念書了吧。「未來想成為富有的成功人士」的人，就會朝著這個目標採取行動才對。

●具體說出「想成為的狀態」

由此可知，過去累積至今的事情，其實不會對自己現在的行動帶來影響。但未來「想成為的狀態」，會對自己現在的行動帶來影響。

當然，我並不認為過去都是白費。就方才的例子，十年來都在打棒球的人所練就的基礎體能以及棒球經驗，想必會在那人以職業網球選手為目標時

理想的未來
理想的未來才會給
現在的行動帶來更大影響
現在

成為助力。

然而就算對一個至今都沒在念書的人說「念書是要一點一點累積起來的，就算現在才開始認真也沒用吧？」，只會讓對方幹勁頓失，更不想念書了對吧。所以「決定好未來想變成怎樣，再回推並改變自己現在的行動」比較合理。

應該也有人會想：「但我從以前到現在都沒特別做些什麼，一定沒望了吧……」

請試著照道理思考看看。首先，「無法改變過去」是不爭的事實。除此之外，「既然要做些什麼，就要趁著年輕的時候開始採取行動才最有利」更是自明之理。從這兩點看來，「後悔沒去做」是無謂的行為，更重要的是**「在決定對未來的想像之後，就即刻展開行動」也比較合理。**

假設現在三十歲，努力個五年達到某項成就，如果可以活到約一百歲，剩下的人生還有七十年的時間。如果現在什麼都不做，剩下的那七十年將一直想著「啊～早知道三十歲時去做就好了」、「天啊，早知道就算從四十歲才開始做也好」之類的事。

所以「就是因為以前什麼都沒做……」的這種心情還是忘掉比較好。即使如此還是會有人想「不不不，事到如今我不管做什麼都太遲了」，因此我再介紹一個具體事例。

棒球選手達比修有先生曾在訪談中說過這樣的話。達比修有先生似乎在某場比賽結束後，覺得「我要是再這樣下去就會被降為二軍選手，必須有所改變才行」。那時他好像產生了「至今約二十年來的人生轉瞬就過去了，到時想必也是一瞬間就會變成四十歲了吧」的想法。

在這狀況下，他想像了要是當自己四十歲時被職棒球隊開除，在沒有任何工作的狀態下，神明突然現身對他說：「給你一次回到二十歲的機會。」那他會怎麼做？一旦試想「假設現在就在神明的幫助下，回到二十年前，那我該怎麼做呢」，便得出「絕對會很努力吧」的結果，因此湧現了幹勁。

結論來說，就是「具體說出未來想成為的自己，並改變現在的行動就好」的意思。

話雖如此，問題就在於「要開始做一件事情，需要強大的動力，大多數人就算想做也只是三分鐘熱度」。所以在此要教各位在解開思緒枷鎖的同時，還能湧現想成為的狀態的具體辦法。

●寫下一百個「十年後想成為的狀態」

那要怎麼想像未來的自己才好呢？

首先，我建議各位可以先**「在毫無限制的前提下，寫出一百個左右十年後自己想成為的狀態」**。

可以的話在咖啡廳之類的地方，花上一段時間慢慢寫完比較好。怎樣的內容都沒關係。像是「拿愛馬仕包」，甚至就連「膝蓋不好所以要去看醫生」這種不禁覺得「那是待辦事項吧？」的程度也沒差，總之什麼都可以。

反正不是要拿給別人看的東西，不會有人嘲笑。一直寫自己會感到雀躍的內容才是重點。那麼，就來寫寫看吧！

敬請參考左邊的提示項目。

1

section

寫出一百個十年後想成為的狀態

十年後年收大概有多少才好呢？

十年後資產大概有多少才好呢？

想開始嘗試什麼興趣？

對哪種運動感興趣？

有在為了維持健康做訓練嗎？

想過怎樣的生活？

總有一天想得到什麼？

總有一天想住哪裡？

總有一天想去哪裡？

要多久出外旅行一次？

總有一天想見到誰？

想體驗什麼活動嗎？

想住在怎樣的家？

想在怎樣的職場工作？
想從事怎樣的職業？
想練就怎樣的技能？
想任職怎樣的職位？
想拿出怎樣的成果？
想以怎樣的社會地位為目標？
有想達成什麼職責嗎？
有想累積的經驗嗎？
想跟怎樣的人交往？
十年後也想跟現在的戀人在一起嗎？
想結婚嗎？
想生小孩嗎？
想成立怎樣的家庭？
跟家人之間想維持怎樣的關係？

想跟怎樣的人交朋友？
想屬於哪個組織或交流圈嗎？
想拿自己的時間來做什麼？

……都寫好了嗎？

我想，幾乎所有人都不會先寫就繼續看下去，不過沒關係。這是人之常情。換作是我，這本書看到一半突然就出現這樣的作業，也會想晚點再做就先跳過，所以真的沒差。有空回想起這件事的時候再寫看看吧。

本書在每個階段的最後都會附上一份作業表，所以看是要邊看邊做，或整本書看完再做都可以。

大多數人寫三十到五十個就會想不到了。遇到這種情況，我建議還是逼自己寫完一百個比較好。有時候回頭看看，會發現一開始寫的其實都不太重要，反而最後逼自己寫出來的意外重要。

就算寫不出來也沒關係。有空的時候想想看，如果靈光一現再補上就好。畢竟要寫什麼都可以，請各位開心地寫完吧。

●從「不想變成這樣」去想也可以

試著開始寫之後，應該有人會苦惱於「想不到『想成為的狀態』……」吧。我建議可以換個思考順序，**先列舉出「真不想變成這樣」的負面狀態，接著再思考與之「相反」的狀況就好了。**

大多數人比較容易浮現負面的想法。就算很難想到今天想吃的東西，想今天不想吃的東西卻意外簡單。畢竟自己討厭到不想吃的東西，應該也是今天不想吃的東西才對。

例如「如果連明天吃飯的錢都沒有，感覺就很討厭呢」、「真不想要每天都在不喜歡的上司底下工作還要被罵」之類的，就很容易想到。

請盡可能試著寫出討厭的事物，看過之後再寫下相反的事情，用這種方式得出自己「想成為的狀態」。

●拿掉「煞車」

……然後呢，請大家做這件事時，明明說了「毫無限制地去寫」，但在寫的時候還是會下意識踩煞車呢。

畢竟沒有限制，所以也有人會寫「年收一千萬圓」或「想在現在任職的公司當上部長」，正因為沒有限制，就算寫「年收一億圓」或「當上老闆」都可以。但為什麼會寫一千萬圓呢？換句話說，就是自己的理智逕自拉出一條「再怎麼說這都是不可能的界線」。這就是「思緒枷鎖」。

所以說，下一個階段就要確認：「有沒有逕自加諸限制呢？」如果看到這裡覺得「這麼一講，年收確實寫一億圓比較好」的話，就請在清單旁邊加上備註。

突破界限的提示，就是只要試想「把數字改成兩倍如何？」、「把數字改成一半如何？」就好了。雖然寫了年收一千萬圓，但可以試想看看，如果有兩千萬圓是不是比較開心呢？或是把希望每週工作三十個小時的部分，改成十五個小時如何？

在此要請各位注意，就是也有人會一口氣解開思緒的所有枷鎖，說出「不然就以年收一兆圓為目標！」這種話。這只是舉一個極端的例子，並無他意。因為既沒有這種人，也太不實際。

我要各位做的不是這種事，**在自己實際的感受中，漸漸擴張理想才最重要。**如果無法說服自己「或許難度很高，但只要試著這麼做，應該能做到這種程度吧」就沒意義。

例如年收超過一千萬圓的人占日本總人口的 4 ～ 5％，所以是有可能做到的事，就連年收一億圓的人在日本都有兩萬人左右，所以「並非絕對不可能」。

在此，為了即使如此還是覺得難以想像的人再舉一個例子。

美國加州舊金山的工程師在二〇二二年一月的時間點，平均薪資為十四萬三千七百六十六美元，換算日幣差不多就是一千八百萬圓。Apple 的研發人員平均年收甚至超過兩千萬圓（indeed 調查結果）。因此在二十幾歲的時候，年收達該程度的人其實隨處可見。

以此事實為前提，就能得知「如果學會程式設計，英文也學到可以去工作的程度並移居過去的話，兩千萬圓其實不無可能」。單純說出年收一兆圓這個天文數字，卻不曉得要怎麼做到，那就沒意義了，不過光是從剛才說明的事例，就能得知「只要學會英文跟程式設計，年收兩千萬圓也不無可能」。

浮現「想成為的狀態」時，許多人都會停止思考或無法感到雀躍的原因，就在於會擅自決定自己的極限。**反正妄想是免費的，因此解開思緒枷鎖是一件很重要的事情**。

不過這方面在現實中的感覺基準會漸漸提升，現在只要記住這是「為了更進一步接近想成為的狀態」的一個動作就好了。

這種清單隨時都能重寫，而且打從一開始就不以完美為目標也會比較好寫。我們動不動就以完美為目標，所以只遇到一次失敗就會放棄，以心境來說，我**建議從「只要能做到二十分左右就好」這樣的低難度開始著手**。

●面對心理陰影及自卑心的方法

雖說「未來想成為的狀態會給現在的行動帶來影響」，但或許有人會因為心理陰影及自卑心的關係，無論如何都會受到過去影響。

實際上也常有人會問我這方面的事情。所以，在此寫下要如何面對因為過去而造成的心理陰影及自卑心。

不過大前提是，採取的對策要根據自卑心及心理陰影的程度改變。如果是PTSD的話，就該從前往相關醫療機構諮詢開始做起。

在這前提下，如果是像「學歷不高」這種難以解決的自卑心，就要從將事實及詮釋分別探討開始。

對於「畢業於○○大學」這個事實，懷有「○○大學畢業的學歷不高」的想法就是一種詮釋。除此之外，也有「我就是笨」、「我就是個沒出息的人」這種詮釋。

所以假設只看到「自己畢業於○○大學」這個事實，並做出「我就是笨」的詮釋好了。在此先將這兩件事情在筆記本上寫下來。

【事實】

・自己在二〇一五年畢業於〇〇大學

【詮釋】

・我就是笨

・我畢業於笨蛋大學

・因為大學的名聲害我吃虧

・因為大學的名聲害我被人瞧不起

就像這樣對吧。另外，假設因為以前被人說過「咦～你是〇〇大學畢業的喔？真是個笨蛋耶」而造成心理陰影的話，也請補充上去。

【事實】

・自己在二〇一五年畢業於〇〇大學

• 被△△說「你是○○大學畢業的喔？真是個笨蛋耶」

【詮釋】

• 我就是笨
• 我畢業於笨蛋大學
• 因為大學的名聲害我吃虧
• 因為大學的名聲害我被人瞧不起
• △△覺得我是笨蛋

類似這樣。「△△覺得我是笨蛋」乍看之下是事實，但那是你自己的詮釋對吧。

就算有被人這樣講過，對方是否真的這麼想也無從得知。說不定人家只是單純曾被畢業於○○大學的人找過麻煩，因為討厭○○大學畢業的人，才會把話講得比較難聽，也有可能只是想開個玩笑，或是刻意透過這種說法激勵你……

由於沒辦法一窺對方內心真正的想法，所以無從得知其真意為何。像這樣明確將事實與詮釋分開探討，就是第一個步驟。

以此為基礎，請接著在筆記本寫下之所以這樣詮釋的理由。

【這樣詮釋的理由】

- 我就是笨

……在工作上有時候會無法理解別人對我說的事情。在閱讀艱澀的書籍時，也遲遲無法看懂，常需要重新看好幾次。在跟大家交談時，可能是自己腦筋轉得不夠快，有時會沒辦法順利融入對話之中。

類似這樣。在這地方最好多寫一點，甚至會覺得「想到的全寫出來了」

的程度。

在寫這種負面的事情時，通常都能寫得很順，所以請盡情地寫吧。

下一個步驟就在筆記本的另一面，寫下針對剛才做出「我就是笨」這種詮釋的理由，分別寫下反對意見。要寫下宛如否定對方的內容也是任誰都滿擅長的，所以請拚命否定吧。

訣竅就在於不要用「我覺得～」這種寫法，而是用自己的名字寫下客觀反駁。像是「古川覺得～」，用人家叫你的名字就好了。實際上寫起來是這種感覺——

【反對意見】

• 反駁「我就是笨」這一點

……在工作上無法理解別人說的事情，是因為每個人容易理解的說明方式各有不同，不能一概說是因為古川很笨。例如只要利用圖像說明，古川很快就能理解，只要花點時間好好解釋，通常也都能正確理解。

在閱讀艱澀書籍時，幾乎任誰都需要回頭重看，大多狀況下只是因為沒有相關知識而已。如果閱讀已經具備相關知識的書，速度就會很正常，所以並不是古川很笨的關係，只是沒有相關知識而已吧。由於是否具備相關知識會帶來很大的差異性，因此跟一個人笨不笨沒有關係。

至於溝通又是另一個問題了。對話時確實需要反射性地回答，但是否清楚對話方式及溝通順序，會帶來相當大的影響。不是因為笨的關係，有可能只要看些溝通模式的書，就足以應對日常對話了。

類似這樣。

面對令人火大的對象提出的理論，請用足以徹底粉碎一切的氣勢寫下來。

寫得多痛快都不成問題。

只要像這樣做，不知不覺就能從多方角度去看待一件事實。

雖然一直以來都以為是「自己很笨」，但說不定並非如此，有些地方其實不能就此斷言……可以透過湧現這樣的想法降低自卑感。

自卑感根深蒂固的人可以藉由夾雜這樣的做法，較容易拿掉煞車，並漸漸寫出自己想成為的狀態。

●控制「抽象度」以接近理想

所以，寫下想成為的狀態之後，下一個步驟就是「提升抽象度」。

所謂提升抽象度，就是自己再想一個「為什麼想變成這樣呢？」的進階理由。

舉例來說，就像是「會想要一億圓，其實是想得到財富自由，不想在經濟方面感到不安」。之所以「想在現在任職的公司成為部長」，說不定是因為「希望可以做些自己認為正確的事情」。經過抽象化，就能對於自己追求的事情得出更貼切的目標。

對此有所認知之後，再回到「想成為的狀態」，並試著寫下具體內容。

例如基於「想得到財富自由」、「不想感到不安」去思考，自己的想法說不定就會變成「不是只想工作賺錢，而是想得到不用工作也足以生活的錢」。換句話說，比起單純年收一億圓，「一年會有一億圓的被動收入」可能比較接近自己的理想……既然漸漸了解到這樣的想法，也就能提升「想成為的狀態」的精準度。

在此要做的是「比起想成為的狀態更接近理想」的動作。有著不甚明瞭的「想成為的狀態」時，會很難具體說出來，所以要稍微花點時間分析看看。

1

section

●越是提升「解析度」就越能實現

做到這個地步之後，接下來就是要提升解析度。

所謂提升解析度，指的是能更加鮮明想像出「所以該怎麼做才能變成那種狀態？」

舉例來說，就像：「為了得到一億圓的被動收入，要拿持有資產去做報酬率5%的投資，需要有多少資產呢？」**有得出具體數字就會比較容易想像。**以這個狀況來說，會發現「換句話說，我需要二十億圓的金融資產」。

那麼，如果想在十年後得到二十億圓，就要先創業並持續擁有50%的持股，再努力到市值超過四十億圓的程度就好……就能這樣推論出來。

再舉一個例子，有個新聞指出NTT在美國矽谷給出最高一百萬美元（約一億一百萬日圓）的年薪要聘請研究人員。這是為了不在人才爭奪戰中，敗給以Google為首的強大跨國企業。所以，只要是會英文，同時身為現今搶手的技術人員，年薪一億圓也不再是夢想。

順帶一提，從財報數據推測，就算在日本當上NTT的董事長或老闆，年收恐怕是四千萬到五千萬圓左右，因此說不定可以拿到比NTT老闆還更高的薪資。

如果是有想要的東西，可以擬定出一個像是「一個愛馬仕包包要價一百萬圓，所以每個月存兩萬圓的話，五十個月，也就是四年多就能買到。中古包價格大約六十萬圓，所以就是三十個月」這樣的計畫。就算覺得「不可能買得起一百萬圓的包包！」，如果試想成「每個月存兩萬圓，三十個月就能買到中古包」，感覺便實際許多了吧。

另外，**親自體驗看看「想要的東西實際上是怎樣的感覺呢？」也很有效。**例如想買一輛賓士的話，就實際去一趟賓士的展示中心，坐坐看座椅並試乘一下。可以模擬體驗自己買下時的感覺。

用已經下定決心要買的感覺去詢問店員，或許也是個不錯的辦法。拿個介紹傳單、調查車子規格、在家附近找找停車場、調查停車費用等等……透過這些行動，可以進一步提升真實感。

如此一來，想成為的狀態的「解析度」也會跟著提升。

請著眼於在此做的，終究是為了提升解析度這一點。年收一億圓的人究竟是個怎樣的人物？要在哪個國家做些什麼才好？最重要的是，這些細節越是明確的話，就越能了解自己該做些什麼。

以剛才的例子來說，就算有「我要以年收一億圓為目標！所以要成為大公司的老闆！我要成為ＮＴＴ的大頭！」的想法，也沒辦法達成一億圓的年收，所以終究是不可能的呢。只要能像這樣具備相關知識，現在該採取的行動也會隨之改變。

就算在這個階段覺得「不不不，絕對不可能」，也要想這是以「如果沒有任何限制」為前提，情緒上當作是在妄想就好了。若非如此，就會擅自因為「現實來說不可能啦」而踩煞車。

類似這樣，如果能先明確定出自己想成為的狀態，應該就比較容易產生讓本書的「故事思考」向前邁進的想像。

提升解析度之後，就會越來越接近現實。如果原本只是茫然的想像，就不會有任何進展。但隨著解析度提升，很多時候事物都會頓時有了進展。

就像剛才舉出賓士的例子，有很多事情都是可以免費做到。**畢竟只是要讓自己的妄想變得更明確而已，單純當成一件開心的事去做就好了。**

實際上到展示中心試乘賓士之後，說不定也會覺得「啊，實際上做過各方考量後，感覺想買的不是賓士，再更小巧一點的車子比較適合」。就算是這樣也沒關係。

如果想做「一年捐款一億圓」這種事，首先可以從捐款一千圓開始嘗試。在小規模的狀況下做過之後，還是覺得「我想做這件事」的話，就把一億圓當成目標，並一點一點擴大規模。就算不可能突然就捐出一億圓，也可以在自己能夠承受的範圍下，先從一千五百圓、兩千圓開始慢慢增加。

如此一來，明確定出自己會感到幸福的終點，再一步步向前邁進就好了。

可以輕鬆做到，也能提升解析度的行動一覽表

實際去看，並試著接觸想要的東西
去試乘車子
去試穿衣服、試戴手錶
在門市體驗看看想要的家具或家電
試聞名牌香水
戴上高級耳罩式耳機試聽音樂
去想住的飯店的咖啡廳
去想住的房子看看室內狀況
想著要做的料理菜單，一邊逛逛高級超市

去門市體驗看看高級床墊
實際去看看想養的寵物
到想就讀或任職的學校或公司附近看看
試著與憧憬的對象做相同的訓練內容
調查各個業種的年收
試算得到理想收入時一個月的支出，並記帳看看
尋找可以捐款的單位
試著將在便利商店結帳後拿到的零錢全數捐出
試著用理想中成功人士的相同行程行動一天
蒐集理想中成功人士的照片
請人拍下跟理想中成功人士構圖相似的照片

●將各個要素數值化也不錯

為了讓自己覺得幸福的狀態明確化，我也很推薦先將欲求分成各個領域，並分別數值化的做法。

像是照著下列規則做過之後，就能對自己的想法有更深刻的理解。如果有具體例子會比較容易想像，所以在此就以我自己的欲求為例。

規則

用最多五個★評價出對於一項欲求的強烈程度，再寫下：「什麼感覺可以讓自己更有幹勁？對哪個部分較不感興趣？」

①金錢類

・錢

欲求強度：★★★☆☆

我對賺錢本身並不是特別感興趣，但如果想要繼續做自己喜歡的事情就需要錢，因此從這個角度看來，應該還是滿想要的。

假設我有「想在線上遊戲《要塞英雄》中推出自己的角色遊玩！」或「用那角色打廣告，達成一百萬次遊玩」的念頭，但如果真的要實行，隨便就會用掉一百萬圓左右。

而且就算實現了，我也很不擅長思考收益化的辦法，所以還是希望有就算賠錢也能撐下去的資金。

仔細想想，以我的狀況來說，類似「透過賺錢產生的得分感」不會帶給我多大的感受，但另一方面我很喜歡做點實驗，並從結果中得到新的發現，因此我也得知了我算是還滿會花錢的類型。

- 資產運用

欲求強度：★★☆☆☆

雖然還是會做一般程度的理財，但我沒什麼想要努力活用資產、做多方投資的幹勁。為了靠上市股票賺錢，就需要調查很多事情，然而因為「到頭來反正這些公開資訊任誰都能取得」的關係，沒什麼新發現就會讓我覺得不是很有趣。

真要說的話，頂多只是喜歡「在某種程度上有效運用資金，在最少成本及風險的前提下，得到平均程度的收益」而已吧。

②生活篇

• 吃飯

欲求強度：★☆☆☆

我在吃東西方面沒什麼太大的欲望。不太常產生「好想吃美食！」、「好想吃高檔料理！」的念頭。如果肚子不餓，我甚至還希望可以不吃任何東西就能活下去。

不過，我滿喜歡喝飲料的。我很喜歡在氣氛很好的地方，一邊喝茶一邊做事或工作，這讓我發現自己在這方面的欲求很高。

- 飲料

欲求強度：★★★★☆

正如方才所言，我對飲料的欲求強度意外地高。最近買了一個帥氣的茶壺，所以很喜歡喝日本茶。除此之外，我還喜歡喝精釀可樂。

雖然因為咖啡因含量很高的關係不太常喝咖啡，但我也滿喜歡的。在這方面就沒有講究太多了。

- 酒類

欲求強度：★☆☆☆☆

我已經戒酒了。以前都會喝，無論紅酒還是日本酒，踏入這個圈子後就會開啟很多新世界，還能牽起一些緣分，但也有滿多負面的事情，起因都是飲酒，所以我就果斷戒掉了。

・睡眠
欲求強度：★★★★★

我當然很想睡覺。應該說，我的體力很差，要是沒有好好休息，很容易就會搞壞身體……

③人際關係篇

・人際關係
欲求強度：★★★★☆

我是沒有「想跟藝人當朋友！」的念頭，但我很喜歡聽從事一流工作的人分享一些事情，也很喜歡因為各種緣分而聊到各式話題，就這層意義來說，欲求強度是滿高的。

我很喜歡跟有趣的人聊企劃或點子，尤其喜歡企業家呢。

- 戀愛關係

欲求強度：☆☆☆☆☆

因為我已經結婚了，所以完全沒有這方面的欲求。這不是為了顧及面子才這樣講，而是真的沒什麼興趣。

我認識一個戀愛對象守備範圍很廣的人，有時都會讓我感到很佩服。

1

section

・自我彰顯欲

欲求強度：★★☆☆☆

我常在X（Twitter）上發表自己的想法，也希望得到回應，因此原本以為欲求應該會很強，但仔細想想發現那跟自我彰顯欲好像不太一樣。要是走在路上有人跑來攀談，會讓我嚇一大跳，每當要上臺或接受採訪時，也總是覺得緊張到想縮起身子。

所以說，像是「想行使自己的影響力」、「希望大家關注自己」的心情並沒有那麼強烈。看來在社群上活動並希望得到回應的心情，不同於自我彰顯欲，算是另一個領域的欲求。

・發現欲

欲求強度：★★★★★

我對於發現某些新的想法、新的法則，進而分享推廣開來，並想得到回應的欲求相當強烈。

我既想要有「創立一個這樣的服務之後，就有了這種回應喔！」的新發現，也會很想趕快說出來。作為一個媒體，我很看重X（Twitter）的追蹤人數及影響力。

我很喜歡向大眾推廣自己構思的邏輯、關聯性、想法以及對事情的看法，也很想這麼做。

④東西、製品

- 車子

欲求強度：★★☆☆☆

我常會開車往來各地，但幾乎不會產生「好想開法拉利！」、「想要一台保時捷！」的念頭。現階段對於車子這個商品本身似乎不太感興趣。

作為一種交通方式，我頂多覺得只要舒適就好了。所以不太會有「好想買這台車喔～」的想法。

• 家

欲求強度：★★★★☆

雖然不至於想住多好的房子，但這會直接影響生產性，因此我漸漸了解到環境寬敞、可以看得到綠色景觀等等，對於一個空間來說，舒適的重要性。

・手錶

欲求強度：★★★★★

我從以前就很喜歡手錶，也很感興趣，到現在也相當喜歡，還常會看這類型的雜誌。

但用名錶彰顯身分地位的優勢這種舉動，會讓我覺得不太舒服。我也不太喜歡戴上名錶後被人搭話，或是提及相關話題，不過我很喜歡去找自己喜歡的設計款式。

說來我也不是對於機械錶的結構零件感興趣，單純只是喜歡其設計而已。畢竟這是個工業設計與作為飾品的設計交錯的東西，這一點很打動我的心。

但常會被人認為是一種暴發戶興趣，所以我平常幾乎不太會明言有這樣的興趣。

• 其他東西

欲求強度：★★★★★

其實我還滿憧憬「好東西用一輩子」的生活態度，所以尋找這種東西也是我的興趣之一。

像是指甲剪這種感覺可以用一輩子的東西就會用很久。剛才也有提及，我最近在尋找茶壺跟茶杯。

我很喜歡「道具」這類東西，喜歡去找可以一直使用的椅子、桌子、筆、包包之類的東西。

總之買最少的東西，並盡可能用得長久一點，即使會花費時間跟金錢保養，也要持續使用下去。與其一直消費新東西，我應該是喜歡很珍惜地用下去的感覺。

像上述的手錶也是如此呢。我想要的是五十年後還能作為一件道具使用的東西。

另一方面，我就完全沒有收藏欲，完全不會有「想要大量好的球鞋」的念頭。我會對於「這個包包可以用上二十年」、「這台相機已經拍了三十年了」的態度感到憧憬。

這個步驟類似這樣，分門別類地分析自己的欲求並一一寫下。我也是透過寫出這些內容，才發現自己其實對吃東西跟酒類沒什麼興趣，不過對於酒類以外的飲料就還滿感興趣的呢。

1

section

● 提升舒適圈的基準

各位對於「想成為的狀態」的解析度有所提高了嗎？在此也希望各位能了解一下舒適圈比較好，所以我稍微提一下。所謂舒適圈就是「心理上不會感受到壓力的狀態」、「以自己覺得舒適為基準的狀態」，請先有這樣的概念。

剛才我說過「請以沒有任何限制為前提寫下想成為的狀態」的話，但市面上的商業書籍也常會寫同樣的事情，例如「抱持野心」、「定出高目標」、「胸懷大志」之類。

但就算聽人這樣講而產生「好，要胸懷大志」，並定出「成為世界第一！」的目標，通常也很難順利實踐對吧。解析度太低確實是一個問題，但自己的舒適圈也是原因之一。

人基本上都想「維持現狀」，因為比起做些奇怪的事而身陷危險，維持現狀還比較安全。

對於體重六十公斤的人來說，六十公斤是正常狀態。就算想再瘦個五公斤，身體跟腦袋也會做出「不不不，六十公斤就很安定了，維持現狀吧」的反應。動物的潛意識中，就是有著討厭變化的傾向。所以說，這時就要逆向思考。

只要認為「我年收一千萬圓是很正常的事」，當年收變成八百萬圓時，就會覺得「糟糕！這樣完全不夠」。如果「聞名全世界」的狀態很正常的話，就會覺得「竟然只在東亞的一個國家有活躍表現，這還得了」。

只要不斷提升舒適圈，觀點自然就會跟著向上提升才是。

順帶一提，其實「提升解析度」也是用來提升舒適圈的一種方法。**只要在自己的腦海中將解析度提升到會分不清理想與現實的程度，也會跟著牽動舒適圈。**

為了讓各位更容易想像，在此舉出我的例子……我在十九歲時，參加了大學入學考試，想去早稻田大學就讀。我以這所學校為目標，除了校風很好之外，也因為學校的錄取分在私立大學中是文組的頂點，這讓我覺得頂點很不錯。

但我成績真的很差，怎麼樣都不可能考得上。於是，我拚了命思考該如何是好。

然後，我所做的就是「深信自己是早稻田大學的學生」這件事。

這時，我先在重考班看遍各式各樣錄取經驗談。仔細閱讀考上心目中理想學校的人們究竟是怎麼念書、過著怎樣的生活。接著，就是自己寫下好幾次錄取經驗談。就像是自己考上大學了一樣，詳細寫下「用這樣的方法念書，過上這樣的生活，考試的時候這麼做了，之後就考上了」的內容。說真的，我覺得完整度高到可以直接當作錄取經驗談了（念書好嗎）。

除此之外，一如前述，我自己架設了一個提供給大考生的論壇網站，並在網站上用「我是早稻田大學的學生，各位有什麼想問的事嗎？」的感覺讓大家提問，並一一回答（拜託去念書！）。

由於網路上是匿名制，大家都深信我是早稻田大學的學生，並提出各式各樣的問題，於是我也很努力地回答。例如「可以用這種方法念書」、「要抱持這樣的心態」、「英文容易出現這樣的問題」、「這部分還是要準備一些對策比較好」……類似這樣。

我還實際去了一趟大學，並泰然自若地走在校內。結果，腦子裡漸漸覺得自己真的是早稻田大學的學生了呢。說得更精準一點，應該是因為自己的所作所為都跟大學生的行動一致，但要是大考沒考上，心情上就會像是被剝奪了「大學生身分」一樣。

比起得到的東西，人類對於失去的東西會感到更大的恐懼。由於腦子裡已經產生身為早稻田大學學生的感覺，說不定會失去身分的狀況漸漸讓我感到不安，便開始認真念書了。

所以說，為了提升舒適圈，最重要的就是把解析度提升到會將理想視為現實的程度。因為人類通常難以達成自己無法想像的事情，請務必參考看看這樣的方法。

●不要想把清單化做得太過完美

各位對於「想成為的狀態」有大致上的想像了嗎？

在此我覺得務必要告訴各位的是**「別想要打從一開始就做出完美的清單」**。最好還是想成這只不過是往後要做一百次當中的第一次而已。

在此向各位介紹一個「老鼠實驗」。

有本書叫《大腦是徹底的享樂主義》（池谷裕二著，暫譯）……論述「如果把老鼠放入複雜的迷宮中，會花多久時間找到最近的路線呢？」的內容。

就結論來說，只要過上幾天，老鼠就會自己找到最近的路線，不過有趣的地方在於還是有個體差距。

有的老鼠花了二十天，也有三天就找到出口的老鼠。

究竟為什麼會出現這樣的差距呢？對於這個疑問，答案似乎很單純的是「端看剛進入迷宮的前一兩天，失敗了多少次」。換句話說，決定性的關鍵就在於剛開始學習時，究竟經歷過多少次白費功夫的事情。

失敗為成功之母。這句話我想各位應該都聽過幾百次了，**但正確來說，或許是「剛開始學習時，經歷越多白費功夫的事情就越容易成功」**。

舉個相似的例子，有個叫「棉花糖挑戰」的小活動。

這活動的規則是「四人一組，用二十根義大利麵、各九十公分的膠帶以及繩子做出可以自主立起來的建築物，並在頂端放上棉花糖，於限制時間內搭出最高建築物的小組就獲勝」，進行這個小活動時，會一直做各種嘗試的幼兒園小朋友，成績反而比想擬定好聰明戰略實行的ＭＢＡ學生、律師或顧問都還要好。

這也是「不斷嘗試比較能得到成果」的狀況呢。

就算聽人家說「挑戰過幾次比較重要」或「失敗很重要」這種話，或許也會覺得摸不著頭緒，但只要知道「在學習初期，大量嘗試白費功夫的方法，距離成功還比較近」這點之後，想法就會變成認為大量嘗試白費功夫的做法比較好，也會變成一段佳話。

我們只要有一個疏忽，就會因為「不想白費功夫」而去尋找聰明的方法。在這次「將想成為的狀態清單化」的過程中，要是想著「打從一開始就做出好的清單」、「做出很符合自己的清單吧」、「就靠這個改變人生」的話，應該終究無法達成。

所以說，我覺得只要想「接下來不管要做幾次清單都沒關係，剛開始的時候失敗反而比較有效率，就試試看各種清單化吧」。

●想盡辦法不要白費功夫才是白費功夫

在此要針對會習慣性去想「不想做白費功夫的事」、「想聰明地採取行動」的人做一番說明。

我想說的是「幾乎所有人都沒辦法設計職涯，而且也不會一如設計好的發展」。

我在網路上看到類似「隨著年紀增長而活用了過去的努力，有種回收了伏筆的感覺，努力都並非白費」的意見。

然而，從內容看來**與其說是回收伏筆，幾乎都只是結果論**。

當然，如果是幾年後的事情確實可以先看透。像是下定決心要好好學習英文並到國外工作，後來真的去了國外工作，這部分都可以預想得到。但在不景氣中遭到資遣，又因為簽證關係而不得不返回日本之類的事，就預測不到了。

1

section

最好還是認為刻意埋下伏筆，之後再別有意圖地回收這種事，在人生中幾乎是不可能發生的比較好。

另一方面，會覺得「回收了伏筆」也是事實。

就舉我自己的例子來說，國小、國中的時候幾乎都在看漫畫，因此當我現在跟出版社合作時，就帶來很大的幫助。另外，也因為學生時期沉迷於網路，才能靠著網路方面的工作過活。

除此之外，在工作上做的各種努力，就算是非常乏味的過程也包含在內，現在幾乎都有活用，所以我很少覺得「努力都白費了」。

所以就我個人來說是——

• 有白費功夫的努力，但也有不會白費的努力

• 不過還是因為技能跟知識在加乘作用下，變得超乎自己想像地好用，

因此幾乎不會感到白費功夫

所以，我覺得該做的就是**「到處埋下伏筆」**。意思就是只要埋下許多伏筆，總是會回收到其中幾個。

在這種時候只要特別留意「盡可能埋下感覺可以回收的伏筆」，應該就會更順利。

就剛才的例子來說，既然會英文又有在國外工作過的經驗，就算回到日本也很有可能受到外資企業公司重用，經常與國外貿易的公司應該也會很歡迎這類人才，因此很有可能在該公司找到工作。

換句話說，也不是因為不得不回到日本，至今的所有努力就會白費。

人類基本上都傾向盡可能避免白費功夫。而且最近或許受到重視CP值風氣影響，很多人都不想去做會白費功夫的事情……

在煩惱這些事情的時候，就會變得沒有採取任何行動，白費每一天的時光，陷入就連偶然回收的伏筆都沒有的狀態。

「因為苦惱而沒有採取任何行動」，就體感來說，或許會覺得好像沒有失去任何東西，但這其實就是一個相當激烈又高風險的行動。

例如常見的「想要理財卻遲遲無法實際行動」的煩惱。

薪水轉入銀行帳戶也是一種方式，但換個角度來看，這狀態也能說是將所有資產都只投資在日本的「日圓」。

投資最重要的在於分散風險。如果將所有財產都投入特定地方，要是發生崩盤，就會一口氣減少很多。

所以說──

- 購買指數型基金之類分散投資的產品
- 分散成債券、不動產、黃金、加密貨幣等
- 現金則分成日圓、美金及歐元的存款

基本上可以透過這些方式分散投資，以降低風險。

因此「用現金日圓全額投資，而且還只放在一間銀行」的舉動，可說是風險相當高的賭注。

說得更具體一點，假設日圓一再貶值，變成一美元兌換兩百日圓的狀況，進口商品的價格就會一口氣提高，很有可能會影響到生活品質，再加上通膨導致物價變成兩倍的話，資產實際上就會減少變成一半。

即使只將一半資產換成美金，就足以降低日圓貶值的風險，另一部分再換成股票跟不動產的話，遇到通膨時，才能免於受到太大影響。

這意思就是，**明明已經處於「可說是極端，而且風險極高的資產運用狀態」，當事人卻還覺得「害怕承擔風險而沒有採取行動」**。

就跟轉職及創業一樣，「我想創業，但遲遲無法採取行動」，也可以說是「積極選擇了待在現在的公司工作，還一直沒有改變這個決定」。

也跟「明明想成為棒球選手，卻一直在打網球」是同樣的意思。

另外，「苦惱於想要過上ＣＰ值很高的人生，卻沒有採取任何行動」，也同樣是「積極地維持著不斷苦惱的狀態」。

會發生這種狀況，是因為人類有著維持現狀的先入為主觀念。本質上存在著想維持跟現在相同的狀態，害怕接觸新的事情及情感變化。

所以即使現在採取相當高風險的行動，也會覺得「採取跟現在不同的行動」才更危險。

說到頭來，人生中最重要的資源就是時間，一旦錯過了時機就很難再來臨。有很多人錯失創業的大好時機，結果就一直沒有創業，也常有「只要立刻採取行動就能有所改變」的人，只因為那麼一次沒有採取行動，便造成不得已的結果。

所以說，**容易陷入「因為不想白費功夫，絞盡腦汁想做得更聰明，結果反而沒能採取什麼行動」的人，還是要對自己產生其實正在採取相當極端又高風險的行動**這般自覺比較好。

●再怎麼預測未來也幾乎猜不中

不想白費功夫的人當中，應該很多人都會有「預測未來，採取能讓自己變得有利的行動」的想法。

以人類的特性來說，都很喜歡預測「接下來應該會變成這樣吧」，而且猜中時也會產生一股快感。

但無論回顧人類的歷史，還是回顧我至今短暫的人生經驗，都不禁深刻體認到「要預測複雜的世上會發生的事情也太不可能了吧」。**因為就算想預測未來藉此採取更聰明的做法，也幾乎猜不中。**

例如在二〇一九年左右，我跟一群超級聰明的人聊過「往後的未來會怎麼發展？」這個話題。

由於大家都很聰明，所以就以「雖然無法預測未來，但至少二〇二〇年確定會舉辦奧運，在那之前政治體制應該也會變成這樣才對」為前提，預測景氣會變得如何，還有社會、政治、經濟又會怎麼發展。

大家都說得很符合邏輯，我一邊聽也不禁覺得「好厲害啊～」，但所有人都大錯特錯了呢。一如各位所知，受到新型冠狀病毒流行的影響，整個社會機制都一口氣跟著改變，各國紛紛積極採取量化寬鬆的貨幣政策，大量發放補助金，奧運甚至都延期了。

到了二〇二二年，俄羅斯開始對烏克蘭發動攻擊，還有安倍前首相不幸喪命等事情……在這狀況下，幾乎是不可能事先預測並擬定因應計畫。

即使我有在做投資，還常進行所謂天使投資，也就是投資新創企業，但我還是完全摸不著頭緒。舉例來說——

- 老闆十分優秀
- 老闆出身自知名企業
- 已經有在進行商業活動而且有營收
- 市場很有魅力

諸如此類，投資時有很多參考基準，但實際嘗試的結果，讓我覺得「完全不知道究竟會發生什麼事，而且幾乎是靠運氣」。

像是老闆雖然優秀，卻因為出乎意料的事情而無法工作、產業龍頭的企業突然加入拓展同一個領域，或是所有人都不看好、說不會有市場的東西卻突然爆紅，說真的，完全無法捉摸。

無論老闆是積極的人還是消極的人，是會仰賴身邊的人，還是就算只有自己一個人也要推動的類型，其實都不太會影響到結果。

當然，就統計學來說，或許可以透過「這種人比較好」、「這樣的公司容易成長」的科學角度進行分析，但我已經懷著「沒辦法預測」的心境了。

沒有人知道日本的未來會變成怎樣。最近大多數人都是悲觀看待日本的未來，我的想法雖然也是如此，但這也是無法預測的事情。

畢竟以日本來說，在短短一百五十至兩百年前，大家都還綁著武士頭呢。後來才心生焦急，想要追上甚至超越各國列強，並努力進行明治維新，還在

1

section

對清朝及俄羅斯的戰爭中贏得勝利，勉強擠進列強之中，並歡天喜地認為自己是一等國。

在那之後，日本採取了獲取殖民地等宛如列強的行動，結果在太平洋戰爭中敗北，無條件投降之後，覺得狀況不妙，但因為朝鮮戰爭的特需，讓社會一口氣復興，在高度經濟成長下，景氣不斷攀升，然而隨著泡沫經濟破滅，迎來失落的三十年，直到少子高齡化、經濟成長停滯，並對財政感到越加不安的現在……感覺就像這樣。如果以三十年或五十年為單位回顧，可說是相當震盪。

照這樣來想，接下來的三十年左右，也很有可能發生某種社會變革，讓所有狀況全面翻盤。

日本衰退的程度說不定會劇烈到超乎想像，治安也會變得很差，形成與現在截然不同的社會，或者基於對移民在應對上的改變，使得那些與現今中國政治不契合的中國人大舉入國，成為一個經濟活躍的移民國家，也有可能因為翻譯機的進化，讓本來有著語言阻礙的日本突然投入國際化市場，抑或是在技術革新下，讓高齡者也能工作，勞動人口也就隨之增加……各種狀況都有可能發生。

就算預測「我覺得日本未來會變成這樣」進而採取行動，完全猜錯的可能性還比較高。

因此到頭來也只能分散風險，避免完全猜錯，所以抱持「求神問卜，其靈也不靈」的想法比較好。

簡單來說，我覺得先深信「會有這樣的未來！」做看看，就算失利也只要當作運氣不好，別為此感到太過消沉，這樣的心態會比較健康。另外，就算猜中了當然也只是運氣好，不要以為「自己有著可以預測未來的能力」。

● 追求遠大夢想的人，是剛好適合這個夢想的人

曾有人問我「要怎麼做才能抱持『我想做這個！』的遠大夢想及目標

呢？」的問題。

我身邊有很多抱持遠大夢想及目標的企業家。但要列舉出這些人的共通點說不定會令各位感到意外，那就是「會毫不猶豫改變自己設定的夢想及目標的人」。

各位應該都覺得「厲害的人都是年輕時就抱持夢想、野心及大志，並一味朝著目標邁進」，而且認為「那個夢想一直都不會改變」。

然而「年輕時就有著無可撼動的夢想及目標，而且毫無動搖地持續邁進」的人，其實是相當罕見的例子，我也覺得並不是該去模仿的對象。

更何況在這樣的人當中，真正成功的也只有極少數的一群人。在我們沒看到的地方，還有很多一路追逐年輕時的夢想及目標，卻完全沒有締造非凡成就的人。

回歸正題，那些朝著遠大夢想及目標邁進並努力的人，其實都是動不動就會改變自己在做的事情呢。然後才將最適合自己、感覺最能順利成功的事情作為「夢想」。

不過對日本人來說，總是會對於「貫徹到底」、「決不動搖」的心態給予很高的評價，因此若要改變一度決定好的夢想，會感到有些抗拒。

如果有個說「我要成為世界第一的足球員！」的人，說了「要改打網球！」，最後又說「還是籃球好！」的話，應該很容易想像大眾會給予「那傢伙沒有自我」、「馬上就放棄、沒有堅持到底」的評價吧。

然而照理來說，「一開始決定好的夢想及目標就是最正確，而且也是最適合自己的事，最後也很成功」的情形堪稱奇蹟。我實在不太建議各位以這條路為目標。

我身邊也常有那種才說：「我要在〇〇領域中站上頂點！」幾個月後又採取截然不同行動的人，但只要某件事做得超順利，那個夢想就會固定，時間一長而且成功的話，就會伴隨「那個人都秉持著自己的夢想及信念，絲毫不會動搖，真厲害啊」的評價。

說到頭來，任誰都不會在意一個還沒有成就任何事情的人所抱持的夢想及目標。就算身邊有一百個朋友認為「那傢伙總是變來變去」，只要成功了，之後就有比他們還要多上幾百倍的人知道，所以完全不需要在意。

就連孫正義[2]先生也只是從「來闖蕩個大事」開始，所以就算思考了自己的理想狀態，也沒必要逞強地就這樣決定下來。

●做法會隨著年紀改變

請各位列出「想成為的狀態」的清單進展得如何呢？我再重複一次，這個清單是接下來要花好幾年慢慢寫、慢慢補充的東西，所以沒必要現在立刻寫出非常厲害的清單，敬請放心。

另一方面，應該會出現「在慢慢寫、慢慢補充的過程中，時間漸漸流逝，變成不知道該怎麼採取行動才好，而感到不安」的問題，所以在這個階段的

2編註：孫正義，日本軟銀集團的創辦人兼社長。

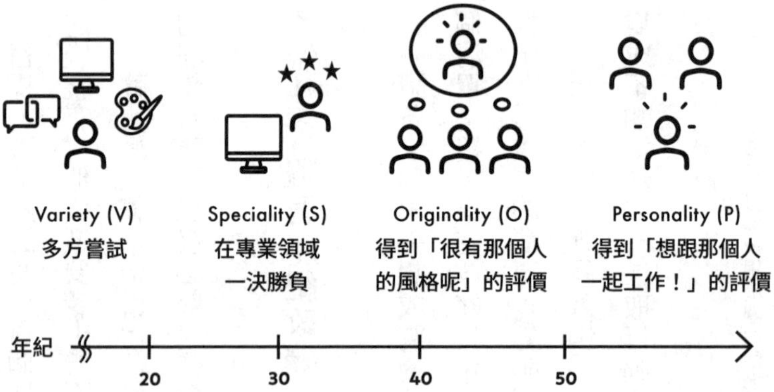

最後，就要向各位介紹幾個針對「不知道怎樣才是自己想成為的狀態」的解決辦法。

即使著手尋找「想成為的狀態」，也不見得立刻就能找到。這時我建議**要是心存迷惘「就用年紀決定」**。

有個東西叫「職涯VSOP」。這是刊登在脇田保先生於一九七八年所出版的《自立人類的建言》（暫譯）一書中的內容，但簡單來說就是——

二十歲世代：（V）Variety，建議多方嘗試。

三十歲世代：（S）Speciality，在專業領域一決勝負。

四十歲世代：（O）Originality，得到「很有那個人的風格呢」的評價。

五十歲世代：（P）Personality，讓人認為：「想跟那個人一起工作！」

如果遲遲無法決定理想中的自己，我建議可以相信這個「職涯VSOP」去採取行動。

明明才二十幾歲，卻以其他世代的戰鬥方式為目標的例子其實滿常見的。像是「我要用自己的方式，做自己想做的事情」的理論，就是四十幾歲的人在一決勝負時的方式。

以VSOP理論為基礎來看，趁著二十幾歲的時候採取各式各樣的行動，累積多樣化經驗，才是「正確的努力」呢。因為什麼領域適合自己？又會有什麼需求？這種事情大多要實際做看看才會知道。

我個人覺得在找工作時的「自我分析」沒什麼太大的意義。以我的例子來說，我很討厭引人注目，也不喜歡拋頭露面，是在要發表言論時會變得很緊張的類型，所以我完全無法想像自己成為一個公司老闆或領導人。

然而我現在不但創業，也是一間公司的老闆，很常接受演講及採訪的邀約，在人前說話的機會變得很多，但我也漸漸理解到自己其實並沒有那麼討厭，發現自己很擅長對他人說明一些事情。

如果在二十幾歲時就做好決定，我可能會想「自己個性內向，大概不會在人前說話吧。而且也不想變成領導人，再怎麼想我都不適合，還是不要當領導人好了」。

正因為只不過累積了學生時代，以及出社會後短短幾年的經驗，我才會覺得無法做出判斷，所以我也認同**趁著二十幾歲的時候，多方嘗試比較好**的說法。

然後，**奔三時再決定「就專攻這個領域吧」**。

可以決定要「從事網路市場行銷」，或是「總之成為一個在經營戰略方面很強的人」都行。到了三十幾歲的時候，就要「成為那個領域的專家」。

想在三十幾歲決定好自己的專業領域，還是得在二十幾歲時，先累積各式各樣的經驗。從來沒有游泳過的話，也不會知道自己適不適合，或喜不喜歡游泳吧。

常會看到「打響自己的名號比較好」的意見，但能做到那種程度的人極為少數，也不用勉強以那樣為目標，只要成為當有人需要「網路市場行銷的專家」時，可以被列為徵求對象就可以了。

三十幾歲的時候，慢慢磨練自己的專業，到了四十幾歲時，再成長到能打響自己的名號就好了。

比較容易做到「找到想做的事，並專注在那件事情上，找出專屬於自己的工作方式」的時期，大概是在三十五歲到四十幾歲的階段。

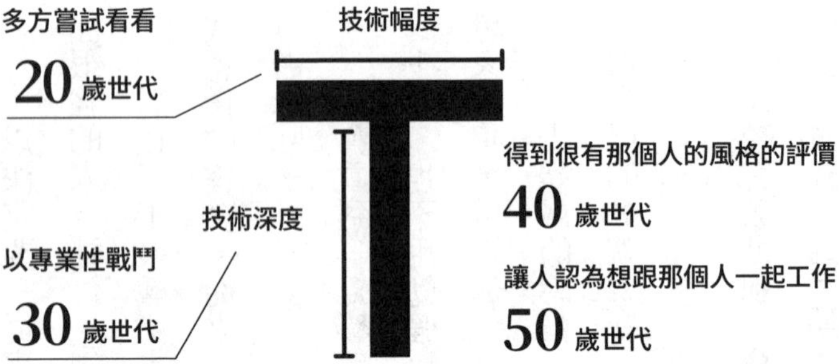

以想像來說，就是「累積了各式各樣的經驗之後，專注於磨練一個專業，接著找到自己想做的事，進而專注在那一件事上，並用專屬於自己的方式做下去」。

在此也舉個我自己的事例。

我直到三十幾歲的時候才知道這個概念，不過二十幾歲時，自然而然就有「總之多方嘗試看看吧」的想法，也實際行動了。當初並沒有把自己局限在「與網路相關」的領域，我只是覺得：「又沒試過怎麼會知道……」

到了三十幾歲時，得知職涯VSOP之後，我在採取行動時都會特別留意這個概念。舉例來說，我就是在三十幾歲時，產生「成為網路媒體及社群專家，並擅於具體將這方面的事對他人說明的人」這個念頭並展開各種行動，感覺就像不斷深入這個領域的知識及經驗。

最主要就是網路媒體和社群服務的專家，並對此進行說明。在窮極這個領域的同時，廣泛並粗淺地接觸網路市場行銷及網路企業經營等相關知識，做法就跟英文字母 T 那樣磨練自己的技術。

然後，到了三十五歲左右，就開始為邁入四十歲世代做準備。到了這個時期，就會漸漸表現出自己的獨創性了呢。

我很喜歡以漫畫為首的日本次文化，以及做出那些作品的創作者，所以產生了「成立一間支援創作者的公司吧，並把媒體及社群的專業性當作武器使用」的想法。類似這樣，只要在不同年紀時，決定好要專注努力的方向，就不會覺得白費功夫了。

另外，之所以用二十幾歲、三十幾歲、四十幾歲去區分，其實除了讓人好記外，沒有其他一定要這麼做的邏輯，所以可以適時做些調整。

總而言之，洋洋灑灑寫了這麼多，但我想在第一階段表達的事情簡單來說就是——

「解開思緒枷鎖，變得可以毫無限制地想像自己想成為的狀態吧！」

擅自畫地自限，並只在那當中行動的話，一點都不有趣，所以解開思緒枷鎖，讓自己可以明確想像想成為的狀態，才是活出自己人生故事的第一步，請各位務必試著列出清單。

第一階段 統整

是否想像得到自己「想成為的狀態」呢？

我再重複一次，會左右你行動的並非過去的自己，而是只有「未來想變成怎樣」的思考而已。

總之要解開「思緒枷鎖」，明確描繪出理想的狀態吧。

那麼，下一個階段就是要針對「創建角色的方法」進行說明。一起在下一步決定以推動故事來說最重要的，你的「角色」吧。

作業表 ①

寫下一百個十年後想成為的狀態吧

作業表②

事實

如果有心理陰影也請寫下來

自己對於事實的詮釋

作業表③

這樣詮釋的理由

反駁

作業表④

○○類

關於○○

會感到興奮的是？

欲求強度

☆☆☆☆☆

對什麼不感興趣？

2
section

「角色」的塑造方式

●為什麼先從「角色」開始設定比較好？

第一階段真要說的話，只是熱身運動而已，現在總算要進入正題。**第二階段要做的是「塑造出自己的角色」**。這是本書的最大難關。一個故事基本上都是有個角色，並讓那個角色採取行動對吧。所以在「故事思考」中也必須設定角色。

各位應該會產生「咦？明明是自己的人生，卻還要決定自己的角色才行嗎？」的疑惑，因此我就先從這點開始說明。

多數人的想法應該都是「有自己這個存在，也是自己在採取行動」，但如果**想作是「為了接近最想成為的狀態，怎樣的角色才最有效率呢？」會比較輕鬆**。

2

section

在《原子習慣》這本書中，有一段「行為改變有三個層次，分別是結果的改變、過程的改變，以及身分認同的改變」的內容。

許多人想養成某種習慣時，都很容易採用以下順序——

努力實行，拿出成果

←

順利達成的話，會認為「自己就是這樣的人」

以減肥為例，會先想到「我要減五公斤！為此就要控制飲食並努力運動！」接著實行，真的瘦下來之後，就會覺得：「自己是瘦子！」

但大多數人都會因為「就算減肥也遲遲看不出成效，感覺好痛苦」，並在這個階段就放棄了。

沒錯，很殘酷的是所謂結果會有以下兩種性質——

不會馬上得到好結果（緩慢）

遲遲得不到好結果（困難）

畢竟不可能減肥隔天就立刻瘦下五公斤，身材也變得更為結實。學習英文也是，不可能馬上就變得很流利。

所以減肥才會失敗，學習英文也才會無法持續下去。應該很多人都有過就算想養成好習慣，也只是徒然受挫的經驗吧。

但其實是順序錯了……應該要先決定好自己的角色（＝身分認同）才對。

換句話說——

認定自己是這樣的角色

↓

實行角色感覺會做的過程

↓

得出結果

用這樣的順序去做比較好。

但就算得知這樣的說明，應該還是覺得很難理解，所以我再更深入解釋。

舉例來說，想要「為健康著想而戒酒」的人容易成功的祕訣，就在於不要採取「戒酒」的行動。

意思是**比起覺得「自己在戒酒」，認為「自己是個不能喝酒的人」比較好**。只要認定自己是個不能喝酒的人，就會在宴席上說「啊，我不能喝酒」而拒絕，平常也完全不會特地去看便利商店的酒類專區。

只不過認定自己是個不會喝酒的人而已，行動就會隨之改變，而且根據行動的改變，結果也就會跟著改變了呢。

認定自己是這樣的角色
實行角色感覺會做的過程
得出結果
努力實行並得出結果
認為自己是這樣的人

2

section

如果覺得「自己在戒酒」，一個不小心就會產生「今天放縱一下也沒差」，或是「反正都已經這麼努力了，也差不多不用再繼續戒酒了吧」的想法。除此之外，身體狀況也不是立刻就會變得健康，所以很容易會覺得「既然有沒有喝酒都沒太大的差別，那就喝吧」。

於是就會變成「決定好結果（終點）才去改變過程，在還沒得出結果時，很容易連過程本身都捨棄了」的狀況。

所以，**該決定的是角色才對**。先有個角色，再進而決定過程的話，就算不會立刻得出結果，整個過程也不會中斷。

我再重複一次，**最重要的是「維持並持續進行良好的過程」這點**。

一旦認為「自己現在在減肥」，瘦下來之後減肥過程就會結束，如此一來又回到以前的生活。除此之外，也有可能因為都減肥兩星期了，卻沒得到什麼結果而感到厭煩。

如果可以覺得「自己是個像運動員的角色，既是不喜歡吃甜點的類型，也會定期運動」，這樣認定自己的角色，只要去做感覺自己會做的事，就能維持健康飲食，也會開始運動了。

●我的角色也變了

順帶一提，我本來也不是那麼活潑的人，個性還很軟弱。念書時也是，覺得要在課堂上發言實在太難為情，所以都辦不到，而且無論參加哪個社團都維持不久。運動跟念書的表現都不好，成績總是吊車尾。

然而，我現在已經當老闆超過十年，要在眾人面前說話的機會也很多，更主講過很多場演講。承擔著風險，不斷進行創業挑戰。無論我怎麼回顧自己的學生時代，都難以想像未來會變成這樣。以前甚至會在未來的夢想寫下「成為公司職員」，因此當時真的完全沒有想當老闆或領導人的念頭。

但現在變成像是「創業後也不斷挑戰各種難題，不會輕言放棄的人」。

我之所以會變成這樣的人，**主要原因在於我深信自己就是這樣的角色**。這一切真的都只是碰巧。

大學時代，我結識了創立當時日本規模最大的論壇網站 2channel，一位名為博之的人物，後來因為一些意料之外的事情，我就成了他所經營的公司的老闆。博之先生好像是覺得「要當老闆很麻煩，交給別人去做好了」。

後來那間公司的事業，被人稱堀江A夢，也就是堀江貴文先生所經營的公司 Livedoor 收購。Livedoor 後來成為一間超有名的公司，結論上就變成「好像有個大學生在經營的公司被堀江A夢收購了耶」，因此原本擔任老闆的我，在大眾眼中就是個學生創業家了。

接下來我就以應屆畢業生的身分進入瑞可利公司任職。瑞可利喜歡從大學時代開始就會做出各種挑戰的人才，因此我也得以被錄取，但這間公司的員工都抱持著「不是要做主管吩咐的工作，而是做自己想做的事，藉以改變社會，這是理所當然」的思維，而且瑞可利出身的人大多都會在幾年內離職，大多數人不是轉職就是創業。

所以，我也在想自己是不是創業比較好，因此到了要奔三的年紀，就在這種心境下決定再次創業。並沒有特別決定要做什麼，就成立了一間公司。

後來，我剛好有機會與天使投資人小澤隆生先生，也就是現在Yahoo!JAPAN的老闆交談，他對我說：「你就試著做個像是指南版Wikipedia的東西吧！」於是我便決定做這個。

但為了拓展公司規模，我必須「向創投公司調撥資金」，接著就變成「既然調撥到資金了，就以成長到一千億圓的企業為目標吧」。所以我就這麼想著努力了一番，後來公司被KDDI收購。

像這樣回顧一下，就連我自己也覺得：「咦，感覺是不是只在隨波逐流啊？」但在我做了這些事業之後，身邊的人也漸漸覺得「這個人從大學時代開始就經常在創業，應該是打從骨子裡的創業家吧」……最後，我自己也跟著深信「我既是個創業家，也是就算面臨艱難的狀況，依然會去挑戰的人」。

所以說，我就繼續創業，並以創業家的身分打拚下去。

冷靜想想，現況已經跟我原本的個性懸殊太大，變成「不畏懼失敗、持續挑戰，以做出足以改變社會的東西為目標的人」這種形象了。

就結果看來，我現在就是「每天都在做這種人可能會採取的行動」。

因此我在「故事思考」當中想表達的主張就是**「設定好自己的角色，並隨著角色個性改變行動（過程）」**。

●「我是沒差啦，但 YAZAWA 會怎麼想呢？」

作為一個塑造角色的好例子，來向各位介紹知名歌手矢澤永吉先生。

我想很多讀者應該都知道，他這個人的形象就是「搖滾、粗獷又帥氣的不良分子」。

他有一句名言：「我是沒差啦，但 YAZAWA 會怎麼想呢？」深入調查了一下，發現雖然不確定是不是他本人親口說的，不過據說是當工作人員出包的時候，他說了：「我是沒差啦，但換作是 YAZAWA 應該會說這樣不行吧？」

就是這樣滿煞有其事的一段軼事。雖然有點難以辨明真偽，但如果是真的，這番發言確實很有矢澤先生的風格呢。

但照理來說，也有人覺得：「不不不，你就是 YAZAWA 啊，這樣講是不是有點像在挖苦人？」但我覺得這大概是一番由衷的發言吧。

差別就在於「矢澤永吉這個人」跟「YAZAWA 這個角色」。

（以下內容會用「矢澤永吉先生」代表矢澤永吉先生這個人，並用「YAZAWA」代表矢澤先生的角色。）

簡單來說，是矢澤永吉先生改造出 YAZAWA，雙方是不同人格。就某方面來說，YAZAWA 可以算是一個商品（Product）呢。

●他人會透過行動判斷你的「性格」

舉例來說，就算矢澤永吉先生覺得「飯店只要住普通的房型就好了，反正只是要睡覺而已」，但對於 YAZAWA 來說「住行政套房」比較重要。

在這情況下，比起「個人的想法」，更應該採納「歌迷觀眾對於 YAZAWA 這項商品抱持怎樣的期待」的觀點。所謂歌迷觀眾，就是**「他人抱持怎樣的期待」是相當重要的一環。**

因為 YAZAWA 是超級巨星，要是這樣的巨星說「反正只要能睡覺，住哪裡都沒差」，就有違粉絲對他的期待了。如果在此選擇退讓，就會降低 YAZAWA 這項商品的價值。所以才會說：「我是沒差啦，但 YAZAWA 會怎麼說呢？」

在這個例子當中，矢澤永吉先生跟工作人員都是一起打造「YAZAWA 這項商品」的夥伴。所以與其去問矢澤永吉先生的意見，工作人員更應該要站在一起打造 YAZAWA 的立場去思考才行。所以開頭那句「我是沒差啦，但 YAZAWA 會怎麼說呢？」是很正當的發言。

順帶一提，在「HOBONICHI（HOBO日刊糸井新聞）」的網站上有好幾篇矢澤永吉先生的採訪文章，當中都能看出「他果然是站在客觀立場看待YAZAWA這個角色呢」。簡單來說，就是矢澤永吉先生在扮演YAZAWA這個角色。

對話就像以下這種感覺。

矢澤：我認為啊，能承受矢澤永吉的人只有我而已。

糸井：嗯。

矢澤：真的沒什麼好處喔。

糸井：（笑）

矢澤：我可沒騙你。我告訴你啊，失去的東西真的很多，也感到相當拘束。但是呢，無論任何領域的人，還是哪個人，都有覺得麻煩的事情，也會感到不快。就算格局跟場所不一樣也是。到頭來，最重要的還是如何帶往好的方向，往好的一面去想，大家都是這樣活在這個世上的吧。

糸井：嗯。

矢澤：最近啊，就這層意思來說，我想把「矢澤」活得快活一點。有段時期我也真的好幾次都想過要放棄「矢澤」呢。

糸井：也是有將那股反抗心態當作動力的情況呢。

矢澤：有，當然有！不但能化為動力，也能讓人更加努力。即使如此，我還是曾覺得「矢澤」這種傢伙有夠令人討厭。

我覺得矢澤永吉先生正是貫徹自己塑造出的角色的最佳事例。

●何謂角色？

那麼，接下來就要進入正題了。究竟要塑造怎樣的角色比較好呢？

就算塑造一個角色比較好，如果只是想著「好的！那就塑造一個性格開朗、凡事都會立刻採取行動的角色吧！」這樣隨便決定的話，還是沒辦法順

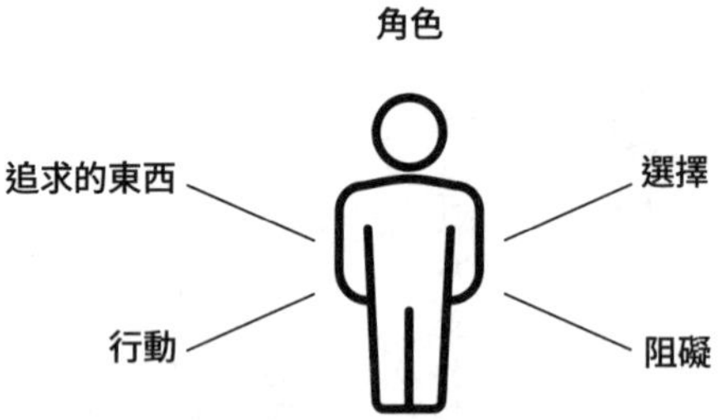

利進行下去。

所以說，我要先從「何謂角色？」開始說明。

角色這個詞就廣義來說，有著「①個性」，以及「②小說或漫畫中的登場人物」的意思。以「故事思考」來說，比較接近將自己設定成一如②小說或漫畫中的登場人物一樣，進而改變①個性這種感覺。

那麼，以「小說等創作物中的登場人物」來說，「角色」又是什麼呢？根據《故事法則》（克里斯多夫．佛格勒、大衛．麥肯納著）這本撰寫關於創作故事的書籍所述，所謂角色，是可以用以下公式說明——

角色＝追求的東西＋行動＋阻礙＋選擇

在此簡單解釋一下。

所謂「追求的東西」就是指「角色想做的事」。「想做的事」不分大事還是瑣事都行。可以追求雄偉的遠景，只不過是「想喝冰箱裡的啤酒」也沒問題。

在《故事法則》當中，也提及「直到某個人產生某種欲求之前，都不存在任何戲劇性」。

「行動」的意思就是角色無法只靠「追求的東西」成立，必須付出努力或採取某種行動。

不管是想著「好想改變世界喔～」的人，還是「好想喝啤酒喔～」的人，如果沒有採取任何行動，都無法構成一個故事呢。

「阻礙」就位於自己當下所處的地方與追求的東西之間。有時是對手，有時是不得不跨越的事物。如果覺得好想喝啤酒，但只是單純走個幾步到冰箱就能喝到，故事也就到此結束了。

換作是電影，若是沒有發展成像是「發現冰箱裡沒有啤酒了，於是跑去便利商店買，沒想到剛好遇到強盜搶劫，自己也被捲入其中！事件總算解決之後，我買了啤酒，一心只想回家！」的故事，感覺就一點都不有趣了。

至於「選擇」，就是例如遇到阻礙的時候，是要放棄呢？還是下點工夫？想得到其他出路嗎？有辦法突破嗎？之類的。

以剛才的例子來說，就有著「要逃走嗎？還是要說服強盜去自首？有辦法靠蠻力解決強盜嗎？」等選項。故事在此會因為角色做出的選擇而跟著改變呢。

如果把這樣的邏輯替換成人生的話……

「追求的東西」就是自己想做的事，以及想怎麼做。如果本來就有明確想做的事情或遠景，這樣就可以了。並非如此的話，可以先從第一階段中，「寫下一百個左右十年後想成為的狀態」的清單開始做起，就能漸漸釐清自己想追求的東西。

「行動」就是行動。只要有個理想狀態，就必須朝著那個方向採取行動。

「阻礙」也沒有他意呢，就是阻礙。總不可能任何事情都一帆風順，就算一直遇到阻礙也是理所當然。之後也會提到經歷阻礙及失敗的話，就故事來說比較有可看性的原因。

「選擇」一樣是字面上的意思，人生就是一連串的選擇。「做了怎樣的選擇？」就會成為你這個角色的特徵。**在此向各位介紹利用「追求的東西」塑造角色的方法。**

●從角色追求的東西塑造出角色的原型

參考內容關於創作故事的方法的書籍時，都會提及塑造方式是從人類的基本性格、過去的經驗、那個人的欲求等等，就連道德心都會一併設想進去，但沒有必要做到這種地步。在「故事思考」當中，該塑造出的角色，即使沒有深入到那種程度也沒關係。

可以想像是藉由**「應該可以達成自己所寫的理想狀態的人，會是怎樣的個性呢？」的感覺去決定**。

但理所當然的是，突然就要從零開始決定事情是非常困難的對吧。所以，首先要從仔細看看在第一階段寫下的「想成為的狀態」做起。

即使對自己寫下的理想狀態清單沒有自信也沒關係，就算是「現在想先把書看完，所以還沒寫清單」都沒問題。

總之，**看著自己的理想狀態並先有個概念後，再想像體現出來的「現實**

人物」。

例如理想狀態是「不被他人要得團團轉，並依循自我意志度過人生」，或是「不受金錢束縛地自在生活」，將接近這種狀態的名人、身邊的人，甚至是歷史上的人物等等，全都列成一份清單。

不只一個人也沒關係。以「依循自我意志度過人生」來說是這個人，「自在生活」則是那個人，可以像這樣各自列舉出不同人物。想不到就留下空格也ＯＫ。不要以完美為目標，看能填到什麼程度，盡量就好。

接近理想狀態的人

- 常受人請託的人
  ↓公司的X前輩
- 與家人幸福地住在一起的人
  ↓朋友Y
- 開公司並獲得成功的人

↓親戚Z
・在世界上表現活躍的運動選手
↓大谷翔平
・在世界上表現活躍的演員
↓渡邊謙
・在日本家喻戶曉的名人
↓明石家秋刀魚
・成為大富翁並有在進行慈善活動的人
↓比爾・蓋茲
・世界級電影導演
↓史蒂芬・史匹柏
・名留青史的創業家
↓史蒂夫・賈伯斯
・在多項領域獲得成功的創業家

↓伊隆．馬斯克

雖然沒有列在「想成為的狀態」清單上，但如果有對某個人的生活方式感到憧憬，也請列舉出來。在這狀況下，請基於「憧憬那個對象的哪個地方」，再重新寫下想成為的狀態。

如此一來，想成為的狀態清單也會跟著更新，追加記錄下體現了自己理想狀態的對象。

這將成為你接下來要塑造的「角色原型」。屆時經歷各式各樣的階段之後，就能逐步塑造出專屬於你，而且是你理想中的角色。

●拚命抽取出角色特質

基於這個角色原型，要再塑造更進一步的樣貌。

首先，以「接近理想狀態的人」的清單為基礎，一股腦地寫下那個人有怎樣的特質。反正不是要給別人看的東西，請隨興寫吧。

接近理想狀態的人的性格

常受人請託
很會照顧後輩
說話時有點高高在上
親切但會多管閒事
不會挑剔相處的對象

寫完之後，再看著自己「想成為的狀態」清單，思考如果具備哪些要素能比較輕易達成。

然後就是反覆做這個過程，更新理想狀態的清單，寫下幾乎可以體現清單狀態的人，並試著寫出那個人的個性。

就算在這個階段沒辦法詳細說明「自己是這樣的角色！」也沒關係。請想作角色也是要花上幾年時間慢慢塑造而成的東西。

要注意的是，請別被像是「自己現在的角色」給影響了。這終究只是要做出接近理想狀態的角色。所以才要挑選出「接近理想狀態的人」，並從中抽取角色要素。

● 該以「理想狀態」為基礎塑造角色的理由

在此還滿容易發生**如果突然間就只是單純寫下憧憬的人，會發現跟自己的理想狀態並不一致的狀況。**

所以「故事思考」才會以先想好「理想狀態」，接著設定角色的順序進行。

而且，這時候思緒如果有所束縛的話，理想狀態的規模會變得非常小。

就像在第一階段所提及，在解開思緒枷鎖的狀態下，寫出理想狀態是非常重要的一件事。

正因為有經歷那個階段，塑造出的角色才不會受到至今的自己束縛，成為為了接近理想狀態的角色。

在第一次閱讀本書的狀態下，角色遲遲無法穩固下來也沒關係。就像我一再說過的，建議還是在會一步步更新的前提下列出清單。不需要一開始就以一百分為目標，請先做出有二十分左右的東西試試看。

然後，到了下一個階段，就要基於這份清單實際採取行動。

第二階段 統整

在第二階段中做了「塑造角色」的過程。

以現階段來說，說不定也有人心中還存有覺得「什麼角色啊？」這般不自然或是害臊的感覺，但我建議還是劃分開這是照著指南的指示，並平靜地進行下去比較好。

那麼，請在第三階段讓角色採取行動吧。

作業表⑤

接近理想狀態的人

作業表⑥

接近理想狀態的人的性格

3

section

讓「角色」採取行動

●角色「也」會從「行動」中誕生

在說明「讓角色採取行動」之前，請先讓我談談在塑造角色時，行動其實是不可或缺的這件事。

各位或許會覺得：「咦，之前不是一直都在說，正因為認定『自己是這樣的角色』，才要基於設定採取行動嗎？」但正確來說，**「塑造角色」跟「採取行動」就像車子左右兩邊的輪胎一樣缺一不可。**

正因為有塑造出角色，才能採取像該角色會做的行動，但也正因為採取了像該角色會做的行動，才會成為那個角色，就是這樣的關係。

只是無心之下做了自己這個角色平常不會去做的事情，沒想到進行得很順利，角色本身也就跟著改變的狀況其實很常見。例如平常搭電車時是不會特地讓座的人，但在偶然間一時興起地讓座後，受到很大的感謝，身邊的人也都覺得「那個人很溫柔呢」，因此開始認為自己真的是個溫柔的人，也漸漸會採取溫柔的舉動，大概就是這種感覺。

反之，角色跟行動沒有一致的狀況下就會失敗。就像方才所提及，如果一開始只採取行動的話，會因為角色跟不上而失敗。只採取減肥這個行動結果失敗就是這樣的狀況。

話雖如此，如果只塑造了角色而沒有伴隨行動，就會變成「自己無法相信自己（無法徹底認定）」，因此也不行。

所以說，「故事思考」就是在解開思緒枷鎖的同時，明確定出一個理想狀態，然後再塑造角色，讓角色採取行動，並不斷反覆這個過程，讓角色漸漸成立。

聽起來好像很複雜，但我會詳細說明下去，敬請放心。

●行動會給角色帶來影響的理由

在此很突然地詢問，各位是如何分析自己的呢？

一般來說很容易產生「自己當然很了解自己的個性與特質」的想法，但其實有個說法是「自己對自己的評價，會跟第三者對自己的評價一樣」。

換句話說，只要自己採取了第三者會認為「這個人好溫柔啊」的行動，就會把自己詮釋成一個「溫柔的人」，而且要是自己做了給人添麻煩的行為，自己也會覺得自己是個「會給人添麻煩的人」。

不知不覺間，我們在分析自己時容易覺得「因為自己是個溫柔的人，所以採取溫柔的行動」，但其實就跟他人眼中一樣，「看到一個人採取溫柔行動，才認為是個溫柔的人」。

3

section

舉例來說，大多數人應該都認同「溫柔的人討人喜歡」，那麼，從他人眼光看來，以下兩個人當中，哪一個比較容易被他人認為是個「溫柔的人」呢？

A：內心雖然非常溫柔，但會對他人施暴，還會竊取別人珍惜的東西，做些給人添麻煩的舉動的人。

B：內心其實一點也不溫柔，但常會做出對方希望自己做的事情，也會給予協助，採取行動時會考慮到對方心情的人。

當然是B對吧。外人不會知道一個人內心真正的想法，所以只能從表現出的行動判斷。

但像B這樣採取溫柔的行動時，看著這樣的自己，也會認定「自己還真溫柔啊」。也就是說，無論現在多麼不溫柔，只要持續採取溫柔的行動，自己也會覺得自己是個溫柔的角色。

在《LOVE理論》（水野敬也著）這本針對男性的戀愛指南書當中，有個理論叫「表面Kindness」。這個理論是基於「女性並不是喜歡溫柔的男性，而是喜歡會做出溫柔舉動的男性」的思維，將「這樣做是溫柔的舉動」清單化並刊載於書中，像是「走在車道側」、「女性要坐下時替對方拉開椅子」。

這本書最棒的地方在於內容並不是在寫「要成為一個溫柔的男人」，而是「要做出溫柔的舉動」。**只要持續採取溫柔的舉動，不但會讓對方認為是個溫柔的人，同時也會覺得自己是個溫柔的人。**

●寫下角色可能會採取的行動並實踐看看

所以說，要先基於第三階段中塑造出的角色個性，試著寫寫看：「這個角色遇到這種情況時會怎麼做呢？」

首先，**第一個該思考的就是「說話方式」**。如果是這個角色會怎麼說呢？

尤其聽到別人看法時的反應，大家都會下意識地做出反射性回應。例如外表受人稱讚時，有人就會脫口說出：「沒有啦，過獎了！」但這就是沒有特別留意而做出「受人稱讚↓得表現得謙虛點才行」的反應。

對於稱讚的人來說，會覺得好像是在反指自己「真沒眼光」、「你錯了」，感受確實會不太好，但還是常會因為「不想被人認為自己得意忘形」而選擇自保，下意識就做出謙虛的回應對吧。

在此就要事先想像一下，換作自己決定的角色會怎麼回答呢？

舉例來說，可以事先想好受人稱讚時，就說：「謝謝！這讓我覺得很高興！」

順帶一提，藝人武井壯先生在上節目之前，似乎都會錄下很會講話的人的說話方式，並不斷練習到自己可以用完全相同的節奏感談話為止。

如此一來，自然就會變得很會說話的樣子。如果你也有尊敬的對象，試著徹底模仿那個人的說話方式，或許也是一個辦法。

那麼，漸漸可以想像符合角色的發言之後，**下一步就是模擬看看當那個角色出現在自己的生活中、感覺會發生的情境之下，可能會採取怎樣的行動。**

例如——

情境／行動

早上起床時會做什麼？／不賴床，立刻起來開始做事情

一天會怎麼開始？／從重新審視事先擬定好的計畫開始

被上司罵的時候該怎麼辦？／說「謝謝指教！」然後立刻改善並報告結果

搭電車的時候會做些什麼？／閱讀可能會對未來有幫助的書籍、聽Podcast從耳朵吸收資訊

正餐都吃些什麼東西？／注重健康飲食，但要自己做便當太浪費時間，

3

section

所以不準備。在便利商店看營養成分標示做選擇

平常的購物基準是什麼？／會盡量省錢，但避免貪小便宜買到劣質品反而吃虧，所以會買有一定價位的東西

服裝都是怎麼決定？／避免每天為了服裝而煩惱，會買很多套相同款式的服裝

在便利商店收到找零時會怎麼做？／零錢全額捐贈

收到很吸引人的轉職工作邀約時會怎麼做？／選擇會比較辛苦的那一個

受人請託處理從未經手過的工作該怎麼辦？／立刻去找個五本左右相關領域的書來看，藉此培養「方向感」

看書的方法是什麼呢？／只專注於重點，其他地方就跳著看

都會做什麼紓壓？／上健身房做訓練

散步時都在想些什麼？／邊看路上的廣告邊想像整個世態

聽音樂時是什麼感覺呢？／反覆聽喜歡的歌手的專輯

與戀人約會時會想些什麼呢？／思考要怎麼做才能讓對方玩得更開心

睡前的時間都在做什麼？／遠離手機，拿書來看
心神消沉時會怎麼做？／吃飽飽、早點睡
去旅行時會怎麼玩？／塞滿行程，盡可能多逛幾個觀光景點
去國外旅行卻被捲入糾紛時會怎麼做？／先冷靜下來，並在向朋友求助的同時，用手機搜尋應對方式
如果傷害到別人時該怎麼做？／立刻認錯，並由衷致歉

就像這樣寫下去。在此最重要的是多寫幾項「這種時候這個角色會怎麼做？」的事例。

不必一開始就想能不能辦到，請配合自己塑造的角色，想看看各式各樣的情境。熟悉了之後，漸漸就能在日常生活中浮現「遇到這種時候，這個角色會怎麼做呢？」的想法。

3 section

在這個階段不用追求寫得太完整，或是想整理得條理分明。只要在各個情境下寫出「如果是這種個性的角色，這種時候應該會這樣做吧」就好了。寫著寫著應該就會漸漸察覺「咦，照這個個性的角色來說，應該很難做出這樣的行動耶」，這種時候就請改變角色個性清單的內容。

如果無論如何都難以想像，就以在前一個階段中寫出的「接近理想狀態的人的性格」，試著去聯想「如果是那個人會怎麼做」。例如「這種時候換作是X前輩會怎麼做呢？」這樣去試想就好了。

寫完「換作是這個角色會怎麼行動」的清單之後，實際上就照著做看看吧。在這過程中就會漸漸接近角色的個性了。

正確來說，**並不是自己有所改變，而是「變得能夠採取那樣性格的人感覺會做的行動」**。

這時遲遲想像不到行動的話，很有可能是角色設定本身太薄弱的關係。

遇到這種狀況就再次回到第二階段，塑造角色看看吧。自然而然可以想像得到行動的話，那就是個強大的角色。

●什麼是真正的自己？

看到這裡之後，或許會有人覺得「但那樣豈不是在欺騙真正的自己去採取行動嗎？」、「總覺得都是表面功夫，很令人不快」。

但是，真正的自己又是什麼呢？

之前有個「八美肉大叔」的流行語。這一詞是「擁有（虛擬 #Virtual）美少女肉身的大叔」[3]的簡稱，簡單來說就是「男性在網路上用美少女角色進行活動」的意思。例如四十歲左右的男性，用美少女 VTuber（Virtual YouTuber）的形象活動。

3

section

有趣的是，似乎因為舉手投足都像女性會有的表現，粉絲也開始把這樣的大叔當成女性看待之後，他們就開始喜歡女孩子氣的東西，即使在平時的日常生活中被當作女性看待，也不會感到任何不滿。

換句話說，一個四十歲的男性如果有著符合四十歲男性形象的嗜好及打扮，只單純因為外表是個四十歲男性的關係，變成十幾歲的美少女並受人那樣看待之後，就連興趣及內在都會跟著改變。

同理可證，無論是誰只要被當成老闆相待，就會變得有老闆的架式，被當成黑手黨老大相待，也會散發黑手黨老大的氣勢，因為自己的內在就是這樣曖昧的東西。

就像剛才提及，我本來也不是一個會持續挑戰、在人前說話，並發揮領導能力的類型，但因為一個機運而創業，並以創業家身分持續行動之後，現在就認為「自己是個勇於挑戰，而且具備領導能力的人」。

3 譯注：Virtual 的日文發音開頭同「八」。

統整說起來，就是「人是會看行動來判斷一個人的內在」、「自己會跟他人在看待時一樣，看著自己的行動，進而認定自己的內在」、「所以可以透過改變行動來改變自己這個角色」。

然後，就算角色不同於真正的自己，有時反而是一件好事。這樣反而可以表現出一個極端又好懂的角色。例如方才提及的矢澤永吉先生，他在身為樂團 Carol 的一員時，完全是個不良搖滾樂手，但關於當時的事情，他是這麼說的。

矢澤：這個嘛，Carol 就是要頂著飛機頭，身穿皮革外套演奏搖滾。就算單飛後，矢澤永吉也是穿著白西裝，在日比谷演奏搖滾。如果矢澤的本質真的是個不良分子，應該也表現不出那樣的形象吧。如果本質真的是個不良分子就不好玩了啊。

換句話說，如果矢澤永吉先生在本質上就是個不良分子，不但會變得無趣，感覺也不會有那麼活躍的表現。正因為他決定了矢澤永吉這個不良搖滾樂手的角色，才有辦法做得這麼徹底。

假設他以前真的是不良少年，個性隨著年紀增長而圓滑許多之後，就會變成「真的是年少輕狂啊」。但如果角色是個不良分子，就算到了七十歲，也還是能繼續演繹一個壞男人。

所以，就如同我一再重複的，**比起去思考「什麼是真正的自己」，還不如思考想成為怎樣的角色，並將那個角色可能會採取的行動羅列出來，再一股腦地去做，還比較能朝氣蓬勃地享受自己想度過的人生。**

第三階段 統整

有順利做出行動清單了嗎？

就算還沒寫得很完美也沒關係，只要能理解「大致上決定好這些地方就行了吧」就有九十分，實際寫出來就是一百分，真的採取行動的話就是一千分了。

所以說，我統整一下至今的階段性內容。首先，要在第一階段解開思緒枷鎖，同時想像自己的理想狀態。接著，第二階段就是塑造出理想狀態中，角色可能會是怎樣的性格。然後到了第三階段，就是要羅列出符合角色的行動清單了。

下一個階段將會說明如何打造出讓角色能更加活躍的環境。

作業表 ⑦

自己理想狀態中的人，
在各式各樣的情境下會採取怎樣的行動？

情境		行動
	▶	

4

section

打造出角色可以最活躍的環境

至此說明了塑造角色，並讓角色採取行動的過程。

即使只是在這個狀態下，也足以讓「故事思考」發揮效果了。因為至今都只用「自己」這一個觀點看事情，現在卻得到其他角色的觀點了。

光是這樣，對於人生的看法就會產生很大的改變。也可以運用像只有週末改變角色、「只有被上司責備時，試著用演繹理想角色的方式應對」的形式。

但是，**就算在相同環境中改變角色，也很難發揮真正的價值。**

說得極端一點，就算決定好理想狀態是「成為任誰都會憧憬的人吧，既然如此身材也要結實一點，無論面對任何事情都要盡全力去做並拿出成果」，而且角色也設定好「自己決定的事情就要貫徹到底的人」，卻加入了要吃遍各家拉麵的「拉麵同好會」，為了達標，還是要很有效率地去吃拉麵對吧。能貫徹這點確實很棒，但感覺就無法維持結實身材，甚至變得越來越不健康。

如果改成「加入要很克己地運動的同好會」，身邊就不會有人一直吃拉麵，毋寧說同好會的成員們應該都很注重飲食，如此一來自己的角色活用起

4

section

來也會更加順利。

所以說，**第四階段**就是要為了對想再更進一步的人說明**「打造一個能讓角色處在最活躍狀態的環境」**這一點。

在開始解釋之前，在第四階段也請讓我用點篇幅說明「環境會帶給行動多大的影響」。如先前所說，因為比起單純實踐書中內容，讓自己理解並接受的話效果會比較高。

首先就從怎麼認清「自己」這件事開始談起吧。

●自己是如何看待「自己」？

在第三階段也有提過，人們都會認為「因為知道自己會怎麼想，所以自己就是最懂自己的人」，但**其實也有著藉由他人如何看待自己，來判斷自己個性**的一面。

根據《誰說人是誠實的！》（丹・艾瑞利著）這本書的說法，這似乎叫作「自我訊號（Self-signaling）」。在這本書中有以下這段內容。

所謂自我訊號，簡單來說就是人並沒有一如自己所想的那麼了解自己的概念。我們基本上都認為自己最了解自己的喜好及個性，但其實不太懂自己（甚至沒有自己所想的那麼懂）。

不如說我們是用觀察他人行動進而做出評價一樣的方法在觀察自己。換句話說，是從自己的行動推測自己的為人及喜好。

總而言之，就是**「自己是看了自己的行動，才判斷自己的性格」**。就跟在判斷他人的個性時一樣，是在看了對方的行動之後，覺得：「他應該是這樣的性格吧？」

舉例來說，如果每天早上都一直賴床睡到很晚，就會覺得自己是個懶散的人。明明日復一日都是這樣，應該就不會認為「自己是個很有規律，而且一早就很有生產性的人」對吧。

「自己是看了自己的行動，才判斷自己的性格」。這是非常重要的一個大前提，請各位務必銘記在心。

那麼，就來思考一下所謂「自己的行動」是從何而來的呢？雖然是個比較大膽的假設，但我認為自己的行動應該是會根據「身邊的人如何對待自己」而改變。

有體驗過先前提及「八美肉大叔」的人，曾做出這樣的發言。

【八美肉帶來的弊害】

現實生活中朋友如果不把我當女孩子看待（雖然這也是理所當然），有時會讓我感到受傷。

精神上真的越來越接近女性，就連在現實生活中也想被人稱讚可愛。
這種事情聽起來可能很像在開玩笑，但這讓我對於未來感到還滿不安的。
（引用原出處：あまおか先生的推文 https://twitter.com/like_amaiokashi/status/1137700619983020032?s=20）

所以說，因為有著美少女的外貌，就會被身邊的人當美少女相待。如此一來，自己的內在也會受到影響。

這就是「行動受到自己的外貌影響改變，而那又帶來更大的影響，甚至連性格都跟著變了」的有趣事例。

這絕非一起特殊事例。某個朋友說過，自從以 VTuber 身分化身美少女之後，對於一些小配件及服裝的喜好也跟著變成可愛女性會喜歡的風格。另外，我也曾看過在 VTuber 相關企業就職的工程師，為了測試動作而化身美少女，結果越來越能做出一些可愛的舉動。

換句話說，我認為應該就是「只要外貌改變，身邊的人對待自己的方式

也會跟著改變。對待的方式改變之後，自己也就會做出相符的行動」。

然後「看了自己的行動之後，判斷自己應該是這樣的性格」這一點，也會變成一件複雜的事情。

如果要完全無視這方面的整合性及例外，淺顯易懂地斷言就會是——

周遭的人對待自己的方式改變↓自己的行動跟著改變↓自己的性格也有所改變

只要這樣想就好了。

●時代跟國家不同的話，自己也會跟著改變

話題有點扯遠了，但在此再來多談一點環境究竟會帶來多大的影響……有個周遭的人對待自己的方式會帶來變化的格局，比 VTuber 的例子還要更大一點的事例，那就是時代及國家之類的大環境。

例如一位生性認真的警察，身處第二次世界大戰、獨裁軍事政權底下的國家時，和二十一世紀和平又富庶的國家之中，社會期待他採取的行動會有很大的改變。

在獨裁政權底下，嚴厲地拚命逮捕提倡反對政權的人會得到很好的評價；相對的，在和平的國家中，就會希望他是個願意指引道路方向之類的親切警察。

即使是 DNA 完全一模一樣的人，恐怕也會因為時代及國家的差異，讓周遭的人相待的方式有所改變。如此一來採取的行動會跟著改變，個性也不

會相同。

思及此，**就會覺得大多個人在性格上的差異不過只是誤差而已，幾乎都是狀況及環境影響下的產物，這樣想還比較合理。**

例如明治維新的那些中心人物，與其說是「偶然在那個時代的那個瞬間，聚集在那個地方的一群厲害人士」，我覺得更像是「在歷史的發展過程中，必須要有負責做那些事情的人」。

在江戶時代的漫長歷史中，一群優秀的人總不可能那麼剛好都在那個瞬間，出現在相同的地方吧。

●只是在環境中被賦予「職責」而已

所以說，我認為一個人會不會成功，並不是端看那個人的能力有多強或是具備才能，應該只是時代環境賦予了一份職責而已。

當我們看到成功人士時，容易覺得「那個人是付出努力並具備才能而成功」，但其實「在時代的發展過程中，那個人剛好就在那個地方」也是成功的一大要因。

這麼說來，**越是成功的人，就越是會說「這並非自己的功勞，而是多虧了運氣及身邊的人」**。我認為會這麼說並不是因為謙遜或是避免招人嫉妒，而是成功人士能更深刻感受到「啊，這不是靠自己的實力做到的呢」。

舉個例子，史蒂夫·賈伯斯確實非常偉大，但假設他現在二十歲，並要從此時開始打造出世界第一的企業，可能性應該就很低了。

我的想法是，所謂成功人士應該就是「在時代這個巨大洪流中有著必要的職責，而那些人只是偶然被賦予職責的存在」。

就算沒有賈伯斯，電腦應該還是會普及，智慧型手機也同樣會普及吧。其影響說不定只有早個十年還是晚個十年的差別而已，當然在細節的部分還是會有所改變，但從大致上的趨勢看來也就像誤差一樣。

寫出這樣的內容說不定會讓人覺得我是個「一切都交由命運決定，只靠人的努力無法改變什麼」的「宿命論者（命運論者）」，但並非如此。人可以經由努力，讓各種層面的事情有所進化。所以我認為一心一意地去做某件事情非常重要。

不過，我覺得可以把**結果會隨著時代變遷及環境的影響變得截然不同**這一點放在心上。

●「人的性格及行動會隨著立場改變」

與環境相似的另一個詞彙「立場」也很重要。人會隨著立場漸漸改變。就像突然從今天開始要擔任一間大公司的老闆，而且被當作老闆對待的話，漸漸就會變成是那樣的人。

以現實世界來說，像「至今都是基層員工，但自從變成主管職之後，因為被大家視為領導人，所以也變得有模有樣」的情況應該是最常見的例子。學校老師似乎也是因為被人當老師對待，才漸漸有老師的風範。

大家都會先入為主地認為「反正自己的個性及特質就是這樣」，就像「我從小就是個性內向，也不是會當領頭羊的那種類型，所以無法勝任領導人的職務」。

但只要身邊的人都把自己當領導人，行為舉止也自然就會變得像個領導人了。

我有向各式各樣的公司做天使投資，投資的公司當中，有不少老闆都是像個年輕大學生一樣的人，而且在我投資的時候，他們大多都不過是才剛創立公司的年輕人。

然而一直被股東、員工以及合作廠商當「老闆」相待之後，其實大家都滿快就有老闆的架式了。應該說，他們必須要有老闆的架式才行。

雖然也有在創業之前就很有老闆架式，而且還能發揮領導能力的類型，但一半以上都是「變成老闆之後才開始有老闆的架式」。

所以認定自己「一點也不適合當老闆，所以辦不到」就不去做的話，也很有可能會平白錯過時機。因為既然只要試著去做看看，就能具備老闆架式的話，現在自己的個性及特質也就沒有那麼重要了。

就像這樣，**只要有個第三階段所塑造出的理想角色，並打造符合那個角色受人相待的環境，人格這種東西應該還滿容易就能有所改變才是。**

如果要用極端的例子形容，假設大家覺得自己是個「任誰都會覺得是個超有趣的人，就像松本人志[4]先生那樣」的話……

當一些話題聊到特別熱絡時，大家總是很期待自己說些有趣的事情，而且實際上開口之後，通常也都會引發一陣大爆笑，身邊的人也會做出讓氣氛變得更加有趣的事情，之後應該就會漸漸變成會說些有趣的事的角色了。

因為受到期待，也受到需求，讓人容易說出有趣的事的環境就湊齊了。

如此一來，平時就會想著有趣的事，想著該怎麼做才能惹人發笑，每天吸收的事情也會跟著改變。

4 編註：松本人志，日本著名搞笑藝人和綜藝節目主持人。

再說一個他人如何看待自己很重要的例子。

麥爾坎．葛拉威爾的《異數》這本書中提及加拿大的職業冰上曲棍球選手當中，一月出生的人似乎壓倒性地多。會出現這樣的情形，是因為加入隊伍的年紀以十二月底為界，一月出生的話，就會是在同一年一月到十二月之間出生的孩子當中年紀最大的，也會相對有利。畢竟小時候在短短幾個月當中，成長幅度就會出現滿大的差距了。

如此一來，一月出生的人就會因為「這個人具備才能」、「有前途」，在教練眼中及隊上受到另眼相待。可想而知，結果就是得以受到仔細的指導，自己的動力因此跟著提升，變得更加努力，隨著參加比賽的機會增加，也累積了更多經驗，形成一個積極正面的循環，最後就成了職業選手。

以成為職業選手時的年紀來說，只是幾個月而已，幾乎沒什麼成長差距。如此一來，一月出生的職業選手比較多的原因，應該可以說是身邊的人打從

4 section

孩提時代對待的方式所帶來的影響。

●不是沒有勇氣而是環境不同

常有人來找我商量「雖然想創業，但沒有勇氣」。這樣講的人，會認為是自己的意志力薄弱、沒有勇氣的關係，並因此陷入消沉……

但或許可以視為單純因為周遭不是那種環境的關係。

以史丹佛大學為例，對他們來說創業似乎是理所當然的選擇之一。甚至也會出現「班上所有人都打算創業」的狀況。

孫泰藏先生是開發了知名手機遊戲《龍族拼圖》的公司「GungHo」的創辦人，同時也是一位知名的投資人。他在自己的 Facebook 上發表過這樣一則貼文。

昨晚跟一位美國非常知名的投資銀行家一起吃飯時聊了很多，當中的這個話題給我留下非常深刻的印象。

「在美國的一流大學中，本來就有最優秀的學生創業、程度中上的學生到新創公司就職，很難稱得上優秀的學生則到大企業就職的傾向，但最近這樣的傾向又越加顯著，去年給史丹佛大學的學生填了問卷之後，所有人都說畢業之後要創業。所有人都這樣回答喔！你敢相信嗎？」

（以下省略）

簡單來說就是：「發問卷給史丹佛大學的學生，沒想到所有人都說『未來要創業』！」

在日本，大學畢業之後還是普遍想成為公務員。即使如此，也不一定就是因為「美國人具備旺盛的創業家精神，日本人則是不喜歡背負風險」。

例如你從大學畢業之後，想到大型銀行就職，但如果其他人幾乎都計畫創業，你要怎麼辦？

要是跟身邊的人說「我要就職」……

「咦……你要就職嗎？大企業也不能選擇上司，就連要在哪個部門任職都得看公司分發，所以人際關係也無從選擇耶。只能領固定薪水，還叫剛畢業的新人做雜事跟最基本的工作而已耶。創業的話還有可能在二十幾歲就成為富翁，如果選擇就職，就幾乎沒有這樣的可能性吧？為什麼大家都要創業，你卻特地選擇就職啊？」

可能會被人這樣說。

如此一來，就會變成「大家都要創業就只有自己要就職」，因此必須對於選擇就職抱持相當程度的熱忱、信念以及自信。

現在的狀況與這個例子相反，是表示要創業的人會被這樣反駁，所以要創業的人才需要具備一定程度的信念才行；反過來說，就會變成是要就職的人需要具備熱忱及信念的狀況。

若要說史丹佛的學生們是不是都對創業抱持滿腔熱情及衝勁，實則不然。我覺得應該是因為他們處在「不如說選擇就職才比較需要衝勁」、「就算選擇創業，也不需要太大的衝勁」的環境中。

更何況不但會有「身邊的人都能理所當然地辦到，那自己也能創業吧」的想法，看到以前跟自己相去無幾的同學創業大成功，變成富翁的身影，當然會覺得「我也辦得到」。

所以說……

有了理想的自己跟「想這樣做」的念頭時，只想著「自己要好好努力」、「不管身邊的人怎麼說，都要貫徹自己的信念」是行不通的狀況。除了少部分的超人，一般人辦不到這種事情，因為這並不合理，而且效率也太差了，就像在溯溪一樣。

所以並非如此，而是只要盡可能將身邊的人套上自己理想狀態的對象，引發連鎖反應，不知不覺間自己也就會跟著採取行動了。

因此在閱讀要人「採取行動吧！」的商業書籍，並振奮自己要採取行動……的事情之前，可以先想想身邊的人認為自己是個怎樣的人物，還有要在怎樣的環境下才會變成那樣，再投身應該會比較好。

● 環境指的是周遭的人

前面用了滿長的篇幅說明「環境會帶來多大的影響」。差不多該進入實踐階段了，但請再讓我稍微深入談一下用詞的意思。

也就是到現在一直在使用的「環境」這個詞的含意，比起「職場環境」的意思，我在使用上更接近「身邊都是怎樣的人」的意思。

我認為**「想改變自己就要先從改變環境做起」這句話，簡單來說就是改變「身邊的人」的意思。**

有句話叫「行動的連鎖反應」。

這句話出自《社會性兩難——從「環境破壞」到「霸凌」》（山岸俊男著，暫譯）這本書中，在此我就用自己的表現方式與見解簡單說明一下。

要讓人採取好的行動時，大多會想採取獎勵的方式，例如「只要做這件好事就給你一千圓」、「要是做了壞事就要收取一千圓」。

像是從經濟學的角度，會以「有適當的獎勵就會讓人照著執行」為前提思考。但人並不是那麼單純就會採取行動的吧。

每當做了好事就給糖，做了壞事就受到鞭笞的話，就會變成「過度管制」的狀態。

過度管制非常耗費成本，這也是理所當然的吧。面對大大小小的事情都要分成「這是好事、這是壞事」，還要耗費成本不斷給予糖果與鞭子，真的是極為沒效率。

社會上「大家都依循原理採取行動」還比較有效率，而且也會帶來比較

4

section

大的利益。常會出現「因為大家都這樣做，所以我也這樣做好了」的心理，只要得以活用那個概念，應該就能控制成本，讓社會變得更好才是。

這本書的作者在此得出「臨界質量」的理論。

「臨界質量」本來是指「引發核反應所必要的鈾含量」。鈾這項核物質只要超過一定的量，就會急劇引發核反應。

同理，**人類行動也是「只要超過一定的量，就會一口氣引發連鎖反應」，而「臨界質量」指的就是這個意思。**

在這本書中，用霸凌的例子說明「臨界質量」。要是寫得太詳細就會變得冗長，所以在此簡略說明一下。

舉個例子，假設在一個十一人的班級上，一個人是霸凌者，其他十人則想阻止霸凌行徑。

在這當中既有「無論身邊的人採取怎樣的行動都跟我無關！我會阻止他繼續霸凌！」這種完全是正義主義的人，也會有「就算除了自己所有人都想阻止他的霸凌行徑，這也跟我無關，因為那對我又沒有好處」這種完全是利己主義的人吧。但大多都是「既然有〇個人都想阻止他的霸凌行徑，那要我提供協助也可以」的人。

例如十個人當中有五個人（50％）想阻止霸凌，這時只要再加入一個人，就會變成十個人當中有六個人（60％）認為「提供協助也沒關係」；但另一方面，如果十個人當中只有三個人（30％）想阻止霸凌行徑，實際上覺得「提供協助也沒關係」變成十個人當中的兩個人（20％），也就是會少一個人。至於細節設定請參閱那本書，在此就先模擬看看。

結果就會變成這種情況——

• 如果是30％的人協力的狀態下，就只有20％的人不會覺得「想提供協助」。意思就是會減少10%。如此一來就變成只有20%的人想阻止霸凌。但這樣的話，協助的人就只剩下13%……最後想阻止霸凌的人便會在10%左右。

也就是說只會剩下「無論身邊的人怎麼做都跟我無關」的人而已，幾乎所有人都會變得不去協助阻止霸凌這件事情。反之——

- 如果是50%的人想阻止霸凌的狀態，覺得「既然有50%的人想阻止霸凌，要我提供協助也可以」的人，就會變成58%。接著「既然有58%的人想阻止霸凌，要我提供協助也可以」的人，就會變成67%。照這樣發展，想阻止霸凌的人就會增加到87%。

就會變成這樣。

換句話說，變成這個狀態，不想去阻止霸凌的人就只會剩下「無論身邊的人決定怎麼做，不但跟自己無關，我也不會採取任何行動」這種完全是利己主義的人而已，其他人似乎都會想去阻止霸凌行徑。

說起來有點複雜，但若要用非常直覺的說法來講，就是「會想選擇比較多人在做的那一邊」。

應用這個概念解釋的話，重點就是**「只要融入會採取自己理想角色行動的那些人，成為其中一員的話，自己也能變得跟著採取行動」**。

這就是在第四階段要進行的「打造環境」。

● 只是換了個「故事登場人物」，自己的個性也會跟著改變

剛才那些內容統整來說，就是「自己的行動會隨著環境改變，只要行動有所改變，認為『自己是這樣的性格』的自我認知也會改變」。

若要將這個概念說得像「故事思考」，就是**「只是換了個在自己的故事中登場的人物，不但會改變自己（主角）的角色個性，故事也會產生很大的變化」**。

一如前述，因為「當自己要判斷自己的性格時，會跟面對第三者時一樣，透過行動做出判斷」，所以就算只是「因為身邊的人都在創業，自己也隨波逐流地創業了」，也會覺得「自己是創業的人＝能承擔風險做出挑戰的人」，認定自己就是這樣的個性。

再來介紹一個當我在瑞可利時經歷過的事例。

剛進瑞可利時，被上司問到：「你會在公司待上幾年呢？」當我回答「會努力做個三年」，上司不但嚇了一跳還擔心起我的狀況呢。就像「那傢伙也沒有任何理由，就想在公司待上三年嗎……」、「是不是對工作沒有熱忱呢」這種感覺。

在瑞可利中，會覺得「剛進公司就宣示還會待上三年」的人，是「給出有點奇怪回答的怪人」。當然如果因為有想做的事情，自己很樂意待在公司的話，完全沒問題，或許是因為一個都還沒實際接觸工作的新進人員，就說會待上三年，讓人感到很奇怪吧。

當然，一般來說想在出社會時進的公司待上三年，是一點也不奇怪的事，只不過瑞可利剛好是那樣的環境罷了。

除此之外，我還被問過：「為什麼你不自己經營公司呢？沒幹勁嗎？」這並不是要我去斜槓的意思，而是「白天在瑞可利工作，晚上經營自己的公司，這很正常吧。既然你沒在經營公司，那是在做什麼呢？在玩嗎？」的感覺。

這既不是高高在上或想彰顯自己多厲害的發言，只是單純把我視為「一個做出超乎常軌的事情的怪咖」才這麼說。

由於感覺就像這樣，所以我還在瑞可利工作時就成立了公司，後來也創業了。我既不是會想創業的人，也自認並非能勝任老闆或領導人的類型，就某方面來說算是在「沒想太多地配合周遭的常識」的狀況下創業。

如此一來，又因為創業之後身邊的人都變成創業家跟投資客，這樣的環境就變得理所當然，所以我採取的行動漸漸像個創業家了。

現在我有舉止非常像個創業家的自覺，但這既不是我天生的特質，也不符合我的個性，只是我容易隨波逐流，容易受人影響。沒有勇氣做出與別人不同的事情的我，只是受到環境影響而已。

換句話說，**只是「換了個自己故事中的登場人物」，就能改變自己**。我覺得這應該是最輕鬆、效果也最好的一個方法，比起試圖針對自己的內在、想法及覺悟做些什麼，只是身處那樣的環境之中還比較輕鬆。

另外，據說我的能力在自己所屬的社交圈中大概是在平均值左右。反過來說，意思就是只要身處在周遭的人都很厲害的環境下，自己的能力也會自然而然跟著提升。

●融入自己期望的環境的方法

在用了很長的篇幅說明「不只是自己的性格會隨著環境而改變，能力也會跟著變」之後，總算要講到「如何打造出那樣的環境」了。

剛才也有提及，基本上想作「環境＝身邊的人」會比較單純。而且為了讓自己成為理想中的角色，「置身於感覺有接近理想角色的人存在的環境之中」還比較簡單。

那麼，就來說明「要怎麼做才能讓自己踏入感覺有接近理想角色的人存在的環境呢？」這一點。步驟請參照以下三點。

①尋找感覺會有理想角色存在的地方
②做出一個可以順利融入那個地方的契機
③成為其中一員

那就立刻來看看吧。

●尋找理想角色可能身處環境的錯誤方法

首先會遇到的，就是假設自己理想中的角色已經塑造出來了，那樣的人又會出現在哪裡呢……這樣的問題。

我想，從容易做錯的方法開始說明應該會比較好懂，所以就從這點講起。

例如要創業，設立自己的事業時，若是想成為可以盡全力去做自己想做的事情那種類型的人，就會想去有許多那樣的人聚集的地方。

但在這個階段很多人容易做出「現在要立刻從公司離職並自己創業很可怕，所以就去參加以創業為目標的人所辦的集會吧」的選擇。

乍看之下好像還不錯，但理所當然的，所謂「以創業為目標的人所辦的集會」，就是以創業為目標的人聚在一起的地方。換個方式講，很有可能就是一群覺得要立刻離職進而創業很可怕的人聚在一起。

去了那種聚會之後，恐怕也只會結交「要離職很可怕對吧！但還是想創業對吧！」的朋友。「創業的人」跟「以創業為目標的人」感覺很接近，但實際上有著非常大的差距呢。

結果很有可能就是，即使待在那，並結交到時不時會討論彼此商業點子和創業熱忱的夥伴，到頭來還是沒有創業。

常會有這種本來是要找個合適的環境，卻找錯地方的狀況。

接下來就會想「我知道了，那只要參加創業的人所辦的集會就好了」對吧？然而，這有時也會變成去到一個不對的環境。

例如目標分明是：「想成為像軟銀的孫正義先生，或 Cyber Agent 的藤田晉先生那種資訊科技類型的創業家！」卻跑去參加經營餐飲店的人所辦的集會，就完全搞錯方向了。無論是商業模式還是人的特質都不一樣，恐怕也得不到什麼參考價值。

換句話說，就是**「理想狀態的解析度太低的話，可能會犯下天大的失誤」**。如果只是覺得「要成為一個面對挑戰的創業家」，那無論接觸餐飲店老闆還是資訊科技公司的經營者都是很好的方式，但如果仔細想想會產生「雖然很接近孫正義先生，但跟隨處可見的餐飲店老闆不太一樣呢」的念頭，其實很有可能變成與自己的期望完全不一樣的角色。

●如何尋找理想角色那樣的人會身處的環境

那麼，說起比較好的做法，**其中一個就是「尋找關鍵人物」**。

可以先上網找找接近自己理想角色的人物。該注意的是，要找正在從事那份事業的人，因為常會遇到理想中的角色是歷史上的人物，那個人所屬的社交圈如今也不存在了。

我覺得最困難的地方就在於尋找這個關鍵人物，不過在做法上有著這些訣竅——

- 尋找或想想看現在就自己所知當中最接近理想角色的人
- 分析那個人的個人介紹，像是所屬、經歷、實績之類
- 以那些資料為基礎搜尋看看

如果很快就找到最接近理想角色的人物，就試著分析那個人的經歷，訣竅在於如果是正在第一線活躍的人物，或是跟自己距離較近的人物也會比較好找吧。

無論如何都覺得偉人比較適合的話，就先調查那個人的特徵及個人介紹，並找找正在第一線活躍的人物中有沒有較為接近的對象，這也是一種方法。

舉例來說，若是想成為像是史蒂夫·賈伯斯那樣的偉人，就去找看看史蒂夫·賈伯斯的個人經歷並進而分析。如此一來，就能漸漸了解到「他有受

到這個思想的影響」、「曾有過這樣的經歷」、「屬於這樣的社交圈」之類的事情。在那之後，就從那類的社交圈當中找看看有沒有接近史蒂夫．賈伯斯的人物。

就算想不到具體的人物也沒關係，假設你是個上班族，理想的狀態及角色是「身在大企業也不會受到公司內部衝突的影響，總之不斷創下實績，做過一番大改革並得出成果，未來將成為公司老闆」，只要找出感覺可以做到這種事情的人物就好了。

這時就腳踏實地一個個去看社群平台上的個人簡介，並調查在業界中誰的影響度最高之類的資訊。

各位或許會覺得「天啊，好麻煩」，但這對「提升自己理想角色的解析度」來說相當重要。

現在這個時代有很多人會透過社群或 YouTube 散播資訊，所以應該不難找才是。

找到接近的人物之後，就徹底調查那個人的事情。如果調查到最後覺得「啊，這個人很接近自己的理想呢」，下一步就要開始思考要怎麼融入那個人所屬的社交圈中。

簡單來說，就是「只要找到一個接近自己理想的人物，並融入那個人所屬的社交圈就好」這樣呢。

至於「有辦法融入那個人所屬的社交圈中嗎？」，確實端看各方面的運氣及當下情況，所以在此建議多挑幾個人比較好。

●了解第三道門的概念

決定好「這個人很接近自己的理想角色」之後，接下來就要告訴各位融入那個人所屬社交圈的方法。

不過在那之前……大多數的人下意識都會想要正面進攻對吧？那樣做當然也是可以，**只是一個無名小卒突然間就想融入理想中的社交圈，難度應該**

很高才是。所以，在說明融入社交圈的方法之前，請先容我介紹一下「第三道門」這個想法。

所謂第三道門，是在《第三道門》（艾力克斯．班納楊著）這本書中出現的概念。若要講得非常簡略，就是一個十八歲的大學生，到處採訪了舉凡比爾．蓋茲、女神卡卡、史匹柏等世界級知名人物的故事。在此引用一段書籍介紹。

人生、事業、成功。

這些東西跟進夜店的道理是一樣的。總是會準備好三個入口。

第一道門：也就是大門。長長人龍不見首不見尾，99%的人只能乖乖排隊，希望自己可以進去。

第二道門：也就是貴賓專用入口。只有富翁、名流和富二代能走。

除此之外，還有一個總是存在於那裡，卻從來沒有人告訴過你的入口，也就是第三道門。

你得從人龍中衝出、奔進巷子裡、猛敲大門一百次、撬開窗戶、偷偷摸摸地從廚房潛入之後——

一定就存在於那裡。

簡單來說，就是將其他人不會選，類似小路一樣的東西稱為第三道門。說是「小路」可能會讓人覺得是用了什麼不正當的方式，但其實沒這回事。

真要說起來，應該是**「沒錢又沒人脈的人，如果想成功就只能選擇跟其他人不一樣的方法才行吧」**。

例如一個無名小卒的普通大學生，想去採訪非常了不起的人物，如果是採用正面進攻的方式，從官網的客服信箱寄送訊息過去，也只會被無視而已。那要怎麼做才好呢？那就是這本書的旨趣所在。

實際上就是一個大學生艱苦奮戰的內容，真的非常有趣。他先去參加了益智遊戲節目並抱得獎金，而故事就是從他用那筆獎金展開行動的地方開始，但光是這樣就夠有趣了。

主角報名參加益智遊戲節目，並上網到處問人攻略手法，為了從觀眾席脫穎而出被選中，還拚命穿了搶眼的服裝，更在現場到處問身邊的人「第一次參加的人要怎樣才能勝出」，實際上也真的贏得優勝，得到換算下來將近一百萬圓的獎金。

至於具體內容就請各位去看看那本書。

●融入理想角色所在的社交圈的方法

那麼，在此說明如何融入理想的環境中。

如果是像剛才那樣「想成為持續不斷挑戰的創業家」，就必須投身有創業家在的環境中。以這個狀況來說，要用什麼方式開啟第三道門才好呢？

舉個例子，我認識一位創業家，那個人在創業之前，做了「為了錄取而設立媒體，到處採訪各式各樣的創業家」的事情。

由於那個人具備撰寫文章的能力，因此透過經營媒體認識了很多人，並融入了社交圈，也對理想中的創業家有更進一步的理解。

後來就自己創業，幾年後將整間公司賣給某間大企業，成為富翁。

這個方法優秀的地方就在於可以聽到各種創業家分享成功的方法並進而學習，創業家們也會重用媒體人，因此比較容易融入社交圈，大家都會好好珍惜願意聽自己分享，並寫下好文章的媒體。

除此之外，也有某位學生本來是想成為老師，但思及「自己知道的職業該不會也只有老師而已吧？」，就去找一百名社會人士一對一商量。

那位學生利用當時相當盛行的社群服務 Clubhouse，與相當知名的實業家等人士交談，也透過介紹認識了許多成功的社會人士。

這同時也刺激了社會人士所抱持「想對學生好一點」的特質，何況對方也有著「想跟還不到二十五歲的優秀年輕人或學生建立關係」這番商業性好處，所以可以把對方當客戶相待。

類似這種祕密通道、第三道門的東西應該在世上存在無數才是。當然，我們也總是留有「正面展開行動，融入那個社交圈！」的方法，對於做得到的人來說，我確實覺得這樣做就好了，不過在此希望各位記得，除此之外還是有其他方法存在。

●與厲害的人建立關係的第三道門方法

順帶一提，當我還是個大學生時，一心想認識設立了大受歡迎的網路社群服務2channel的創始人博之先生，就以同行對手「1ch.tv」服務的管理員身分跟他扯上關係，並在那裡公開自己的地址及聯絡電話。

後來就在某一天，博之先生的朋友發生意外而住院，博之先生看到朋友尿道要插管的樣子，覺得實在太有趣，想要盡可能讓更多人看到時，就發現剛好住在醫院附近，而且還有公開聯絡方式的我，便打電話把我找了過去。

以那次為契機，我就跟博之先生成為好朋友了。

或許這會讓人覺得「這是什麼神展開！」，但想盡辦法留下好幾個讓對方容易聯絡的管道，這樣的努力就是會開闢一個新局面。

另外，「HOBONICHI」的創業者，同時也是知名文案寫手和遊戲《地球冒險》的製作人，可說是超有名的糸井重里先生，也是我打從學生時代的憧憬人物，無論如何都想認識他。

4

section

於是我從學生時代開始，就在名片寫下「目標是與糸井重里先生見面」，並見人就給。我想到的方法是只要這樣到處發名片，總是會有機會認識吧。儘管這個方法並沒有產生什麼效果，但總之我做了各式各樣的嘗試。

最後，我是在HOBONICHI手帳的活動場合上，因為有糸井先生親自販售的環節，所以就以一名客人的身分去參加。

那時我想盡辦法提起「我想創業」之類的話題……雖然我單純只是個客人，但過了十年左右，我穿著HOBONICHI販售的保暖腰帶，參加了一場有HOBONICHI公司的人會出席的活動。

那時我說著「咦，是HOBONICHI的人嗎！我超常穿你們家的保暖腰帶耶！你看！」並秀給對方看，之後就變得很要好，後來對方便邀請我到HOBONICHI的辦公室參觀，更得以與糸井先生會面。

當我提起HOBONICHI手帳活動的事情時，糸井先生竟然記得我呢。他說：「你就是當時那個孩子吧！我記得！」以此為契機，我們也聊得很熱絡。

而且就在前幾天，我出演了糸井重里先生的數位媒體「HOBONICHI的學校」，並對談了兩小時左右，關係也變得更親近了。

總之想方設法地接近自己理想中的人物，是一種可行的手段。

想接近自己理想中的人物有各式各樣的方法，不過在此就再向各位介紹另一種方式。

那就是**「去做那個人現在最希望有人做的事情」這個方法**。這是我最推薦的一種。假設現在想認識一位創業家，最好的辦法「並非去使用那個創業家最暢銷的服務，而是對方現在最希望能紅起來的服務，並成為主顧」。

就像拚命支持對方想盡辦法做成功的專案，並成為主顧，以一名粉絲的立場表達支持……的感覺。如此一來就會變成「願意支持自己的重要粉絲」，不但會讓提供這項服務的公司認識自己這號人物，也能搭起相識的管道。

換作是一位知名作家的話，「說出那位作家最暢銷的作品」並不會帶來多大的效果，因為會這樣說的人太多了。

但如果在那個人剛開始進行新的連載作品，或是剛推出新書之後，搶頭香寫下感想，並到處跟身邊的人說「這部作品很好看！」，更在網路上廣泛流傳新書感想，並寫下書評，就容易被注目到。

這原因就在於推銷新書不但辛苦，又很希望能暢銷的關係。實際上，當我要做漫畫服務的時候，就必須先跟漫畫家及編輯有所交流，所以拚命在社群上發表那樣的貼文。

由於編輯跟作家幾乎會看遍社群上的每一篇感想，因此就能提升這些人對自己的認知程度，當對方回追的時候，關係也就建立起來了。

在這方面有各式各樣的發展模式，但我覺得就算沒有採取正面進攻的行動，從別的角度思考打造環境的方法進而實行看看也不錯。

●成為想建立關係那個對象的「客人」

有想建立關係的對象，或想融入的社交圈時，如果那個對象是非常知名的人物，難度就會變得很高。這種時候也會需要運氣這項要素，但一如剛才所說，**「成為想建立關係那個對象的客人」**是個不錯的辦法。而且最推薦的方式是成為那個人「正在努力做的事情」的客人。

不久前，以下這篇報導造成不小的話題。

【堀江A夢對於想「免費」與自己見面的人感到不快，「明明只要付個十五萬圓就能跟我聚餐了」】

堀江先生表示，自己親手策畫的美食情報服務「TERIYAKI」中，每個月都會舉辦限定十名參加的餐會，並說「一個人十五萬圓就能參加可以吃到高級壽司的餐會了。我也會把這當作工作的一環，去跟大家見面。大概就是很不想花那十五萬圓吧，這種傢伙太沒品味了啦」，很不講情面地做出切割。

接著更說出「因為在支付了十五萬圓的當下，對我來說就是客人了，可以擺出一點高姿態耶。我也會把這些人當成客人，仔細聽對方商量。不僅如此，當中也有人因此跟我建立起長久的私交。既然可以用錢解決，我倒覺得是一件輕鬆的事情」這樣的個人論調。

引用自：《體育日本報》（Sponichi）

針對報導的回應當中，會看到不少「就算跟他見了面也不能改變什麼」，還有「既然有十五萬圓應該要用在別的地方」的意見。

單純想跟他見個面，只是想聽他說話而已，可能不會有什麼收穫。然而，這世上也有很多懂得好好利用這種機會的人。

首先，如果只是一如往常地工作，很難得到「向堀江先生介紹事業計畫並找他商量」的機會。

畢竟他是個超級名人，這類請託應該每天都是如雪片般飛來，就算透過社群私訊他，恐怕也只會被無視而已。當然，也沒有可以傳遞資訊的窗口。

但如果付出十五萬圓，跟他一起吃壽司的話，就會在那個場合成為「特別的客人」。如果在餐會上的應對態度很差，就會傳出「那次經驗真是糟糕透頂」的謠言，導致往後很難再舉辦這種活動，所以基本上不會做出這種事情。

實際上，我也有以來賓身分參加過堀江先生主辦的活動，在那裡理所當然是被當成客人相待。

雖然像立食派對的形式，但堀江先生都有確實四處繞來繞去，任何人都可以去找他攀談。在那個狀況下，看是要去跟他介紹事業計畫，或是找他商量事情，他都會明確給出回答。

就算想找堀江先生擔任事業顧問，幾十萬圓也請不起，何況如果沒有一個正當管道的介紹，他也不會答應。在這種狀況下，為了「能得到堀江先生的意見」而付出的十五萬圓，就會讓人覺得是一項還不錯的支出。

順帶一提，我也有在做類似的事情，針對那些持有二十個本公司出的NFT的人，我會進行一對一會談。（不知道「NFT」是什麼的人，請去搜尋一下！）

這並不是想賺顧問費，感覺是想做一場販售NFT的實驗。

二十個NFT的價格，以日圓來說大概是幾萬左右，但我個人平常不會用這樣的價格接下顧問的工作。有時也會有人用一小時二十萬圓的價格前來委託，但我還是比較常會婉拒。

現在只是因為想做販售ＮＦＴ的實驗，因此出現一個「一時開放的窗口」。

實際上這樣做過之後，因為必須在一小時內發揮價值才行，所以我也要事前做好各種準備，而且要非常專注地應對。

除此之外，我也很不樂見照著自己建議去做的人卻失敗的狀況，所以事後也會透過社群私訊對方「照著建議做看看之後，覺得怎麼樣呢？」，若是對此有拋出追加的提問，也必須好好回答才行。

另外，我在社群上也會做些介紹。以我的狀況來說，追蹤人數大概有二十五萬人左右，因此常會有一則貼文三十到五十萬圓左右的業配委託，我平常基本上都會拒絕，但如果是透過這種管道，也會產生積極支持的動機。

順帶一提，有這種看法，而且能想到以不過幾萬圓的利潤來說還算不錯，並前來提出委託的有膽識的聰明人很多，所以我也常因為跟這些人建立起關係而有所收穫。

看完這些內容，說不定會認為我是在「宣傳自己跟堀江先生」，但我想表達的並非這種事情，而是「如果成為對方正在努力做的事情的客人，就能賣對方一個人情」。

當名人或創業家在做這種企劃的時候，通常都是「想讓某項專案成功，所以把這當作相關事項在進行」。

在這種時候率先成為客人的話，也比較容易被對方記住，甚至可以賣人情。因為可以促成很難得手的「人情」，利潤才會變得非常大。

就算手頭拿不出那樣一筆錢，例如當名人在做些新的企劃時，也可以積極分享，或是在部落格上寫下自己支持那項企劃，即使只是單純參與也很有效果，那些聰明的人都是這樣牽起人脈。

所以，我也常採用這種方式，即使自知這會被認為是我的主觀論點，依然覺得主辦方的意見應該能給各位做點參考，於是決定寫出來。

一如前述，當我在念大學時與糸井重里先生見面的事情，說不定也正因為時值糸井先生還會親自販售 HOBONICHI 手帳的那段「接下來要努力發展這項事業」的時期，他才會對我留下印象。

4
section

●為了害怕被拒絕的人設想的思考方式

方才介紹了用類似第三道門的方法融入社交圈的手段，但有件事情必須在此向各位強調，**就算是為了成為自己的理想角色而打算融入合適的環境當中，通常也不會那麼順利。**

用類似第三道門的方式接近的話，確實是比較容易融入其中，即使如此，還是請抱著基本上會被拒絕的心態。一心想著「無論如何都想融入那個社交圈」，也很拚命地表現卻依然行不通是很正常的情況。

要在這個階段放棄確實相當可惜，那種挫折的心境我也能感同身受，所以，在此跟各位說一下「一再被拒絕的時候，要怎麼想才好」。

一言以蔽之，就是**「不要看個別情況，而是只要去想機率論的狀態」**。

首先，以大前提來說，「只鎖定一位人物為目標」就是錯誤的行動，因為想成為像孫正義先生那樣的人，而想融入孫先生所在的社交圈，難度當然很高對吧。

或許並非絕無可能，但這想必會受到時機跟運氣很大的影響。

像在找工作，或考錄取考試時也一樣。有些公司今年要徵求三百人，明年可能就只開放五十個職缺，這種狀況很常見。職缺越多當然越容易被錄取，但這也不是自己的技能跟能力能影響的事，單純就是看運氣呢。

所以被一兩個人拒絕時，不要這樣就認為「自己果然很糟糕」。畢竟只有幾次經驗的話，也無從斷定原因究竟在於自己的實力還是運氣。

所以說，若是想融入自己理想中的社交圈，挑戰個一百次左右比較好。挑戰一百次的話，即使當中七十次完全沒希望，三十次有收到回信，十次願意見面，說不定也會有一次可以融入社交圈的機會。

無論跑業務、找工作甚至談戀愛，就算抱持「除此之外不做他想」的決心展開攻勢，也常會因為對方的狀況等原因遭到拒絕。只集中於一個對象卻被拒絕時，就會感到很受傷。

但如果挑戰一百次，就能用「只要挑戰一百次，應該會有一到兩次成功吧」的機率論觀點思考。

因此，如果可以將「明明很有可能會被拒絕，卻只做了少數幾次挑戰，這樣在被拒絕時，心理上可能會受到很大的打擊，這種時候就要多挑戰幾次，並用機率論去想會比較好」的論調記在心裡比較好。

● 容易融入社交圈的技巧

為了多少提升機率，在此再介紹一個容易融入社交圈的技巧。

方法如下——

- 針對對方所追求的事情
- 提出能讓自己處於有利狀態的東西

想融入社交圈的時候，就算擺出「請讓我在此好好學習！」的低姿態，還是很難融入其中。這樣講是因為很多人都想靠近別具魅力的人及社交圈，如此一來只會變成一大群人的其中一個。

很有魅力的公司常會遇到「不支薪都沒關係，請讓我在這裡工作！」的人來應徵。這是最糟糕的。要教育一個什麼都不懂的人，必須花費非常龐大的成本，然而當事人卻是用不收取任何薪資這樣不負責任的狀態進公司，實在讓人看不下去，甚至不會讓對方產生「太幸運啦～得到免費勞力了」的念頭。

所以說，如果想融入一個社交圈，我比較建議打造出就力量關係來說自己占上風的狀態。

看我這麼說可能會覺得「不，我並沒有那麼了不起，沒辦法占上風啦！」，但實則不然。

例如對方是個四十幾歲的實業家，自己則是學生的話，光是這樣就有利了。到了四十幾歲這個年紀，就會想知道學生具備的年輕人感受，而且也會覺得自己跟年輕人在相處上是站在對等立場，至少這對我自己來說是一件很開心的事，所以是一種優勢呢。

年輕這一點可以讓自己比對方更占上風，因此也容易提供價值；反之，對方如果是個剛畢業不久，出社會第二年的二十四歲年輕人，就比較難呈現出學生身分的價值。

大學生在找工作時，很多人都會強調「打工時做過領班」、「擔任過同好會會長」的經驗，但其實這些事情不太能打動面試官，因為大家說的都相去無幾，而且說穿了，以社會人士的觀點看來，學生時代擔任領導人的經驗跟自己在工作上擔任領導人的實務相比，會覺得是更低一等的事情。

所以，不如說「我有參與過 Web3 的專案。那是一個叫 DAO（去中心化自治組織）的東西，因為是非中央集權的一項專案，並以加密貨幣當作報酬，可以跟來自世界各地的人一起工作」的話，還比較能站在比對方更有優勢的立場，因為對方會覺得「啊，糟糕，這是最新技術，我得多了解一點才行」。

對於只在日本企業經驗過支付金錢這種勞動型態的人來說，那樣的領域可說是嶄新的東西，所以就這點來說，學生就能比面試官更占上風。

這方面的拿捏不如說**從「如果想比對方更有利，該針對哪一點才好？」來反推也可以。**

● 希望在新環境中特別把重點放在「Quick win」

在此一併介紹想融入理想的社交圈時，可以更順利讓周遭的人都站在自己這邊的小技巧。

我有個朋友年紀輕輕就繼承了某間老字號企業，他是一位優秀的菁英人士，但一進到公司，大家都比我朋友還要年長。

如此一來，當然會給人留下「沒有任何經驗及實績的繼承人來了」的印象。雖然不是所有人都抱持這種負面想法，但確實會有很多人覺得「要是那個什麼都不懂的小少爺做錯決策，就要給他指點一番」。

光是想像了一下就覺得相當辛苦。儘管有很多人認為「既然是個年輕菁英，應該會想做資訊化或是數位化之類的事情，但要是隨他一時興起就改變工作模式，誰受得了」，但另一方面，公司內部還是必須配合時代進展做些改革。

然而那位老闆在幾年內就讓公司有了極大的進化，也帶給整個業界相當大的衝擊。當我問他「這過程看起來非常辛苦，你是怎麼做到的？」，他的回答是「以 Quick win 為目標」。

Quick win 的意思是**「一開始就在絕對贏得了的地方奪下勝利」**，在此詳細說明一下。

上任後的第一個月，大家都會有所提防，就是「這個人究竟要做怎樣的事情？」，如果在這種時候進行了「要放膽來一場改革！總之先把所有流程都資訊化！」的大型變革，公司內部的反對聲浪就會非常強烈。

所以在這個時期，他似乎只做了簡單就能達成的改革，像「所有員工都一定要跟彼此打招呼」、「每天都要打掃環境」之類的，全都做得很徹底的樣子。

就這樣持續一個月後，大家的評價就會變成「自從他來了之後，感覺整間公司都變得很開朗」、「公司環境變得很整潔，工作起來很舒適」。這些事情的難度不高，但任誰都能切身體會到，所以很有效果呢。

換句話說，就是只在絕對贏得了的地方奪下了勝利。

如此一來，覺得「就試著聽從他的指示看看吧」的人就會一點一點地增加，因為確實已經有得到成果了。

這就是到一個新環境時也能活用的思考方式，例如轉職的時候，要是說出：「我會活用在之前的工作中得到的經驗，為組織帶來大型變革！」說不定會招來反彈，但如果先從「順利解決容易搞定的小問題」踏實地做起，往後就會輕鬆許多。

例如當其他員工遇到傷腦筋的小事時，可以幫忙搞定，讓對方輕鬆一點，或是將一些作業流程弄得簡單一點，可以專注於這些層面，還有擔任像是感覺就很麻煩的聚餐主揪，總之確實做好「只要做了就能確實得到成果，也會令人開心」的事，做出會讓人家說「多虧那個人來了，在各方面都幫了很多忙呢」的各種行動。

透過類似「比任何人都能做好各種小事」的過程累積實績及信賴，並藉此增加自己的夥伴。累積了好幾個小小的勝利，並凝聚了眾人的信賴之後，就能挑戰格局更大的事情，也會更順利融入新的環境之中，請各位務必參考看看。

●增加支持自己的人

還有一個以環境來說很重要的事，就是「增加支持自己的人」，如果沒有得到他人支持，真的會很難不斷努力下去。

要實際改變環境確實重要，但那也有個極限。

以前提來說，如果要尋找願意支持自己的人，大家都會去找親朋好友及身邊的人支持自己，但這其實是難度很高的一種方式。

因為那些人要不是知道你以前的性格，就是對你有太過深刻的理解，見你個性突然有所改變，還要去做自己想做的事情，應該都會嚇一跳吧。不僅如此，可能還會想跟你說「喂，你是怎麼了啊，是不是看了什麼奇怪的書而受到影響？」之類的忠告。

由於人都傾向維持現狀，發現親近的人或朋友突然變了個人，難免會感到不安，下意識產生「拜託你不要有所改變」的念頭，所以「越是親近的人，越會支持自己」不過是一番幻想，**不如說我覺得從關係疏遠，甚至陌生人當中尋找新的願意支持自己的人還比較好。**

所以說，現在最好的方法還是活用社群平台，可以透過社群認識一些你身邊沒有的類型的人，而且人數本來就很多，也比較容易找到與自己契合的對象。

說真的，在社群上的追蹤人數一口氣增加很多，變成像網紅一樣的立場，也具備影響力的人確實是極少數。但只要利用這個方法，就能稍微提升成功機率，因此我還是在此寫了下來。

不過，我是覺得只要看作這樣多少可以增加一點追蹤人數，增加一點願意支持自己的人……這種程度就可以了。

那就立刻來介紹一下。

●在社群平台上增加粉絲的方法

有各式各樣的社群平台服務，但我覺得以純文字為基礎的X（Twitter）比較好用，所以就以X（Twitter）為前提進行說明。

以基本方針來說，首先可以將在社群上傳達資訊的內容分成這三種：

1. Information（情報）
2. Opinion（意見）
3. Diary（日記）

第一個Information（情報）是指新聞，大家還不知道的新的事物。內容本身具備價值，跟是由誰說出來的沒什麼太大關係。

第二個 Opinion（意見）是指針對某種現象、事態發表自己意見的貼文。例如「這部作品很有趣」的感想正是如此，還有「××政權的問題就出在這裡！」這種也是 Opinion（意見）呢。

第三個 Diary（日記）是指「今天吃了拉麵」、「好想睡喔！」這種分享自己日常生活的內容。

以結論來說，如果要利用社群傳達資訊的話，我覺得按照 1→2→3 的順序應該比較好。

可以想像一下，當追蹤人數達到一萬人之前都只發表 Information，接著才開始進展到 Opinion，直到追蹤人數達到十萬人的時候，就能再漸漸加入 Diary。

之所以按照這樣的順序，到頭來還是基於**「任誰都不會想去看一個陌生人的意見甚至日記」**這個單純的原因。

因為網路上大量存在這種資訊，想在這方面拉開差距幾乎是不可能的。各位也都不會想去看一個完全不認識的人所發表的意見甚至日記吧。

偏偏大家心裡又都有著「希望別人聽聽自己的意見！」、「想讓別人看看自己的日記！」的欲求。供需之間有很大的偏差，尤其是看完本書覺得很興奮的人，說不定會想說「自己是這樣的角色喔！」、「我要照著這樣的故事走！」之類的話，但說真的，這樣的需求一點也沒有。

可能也會有人認為：「但只要發表自己的意見，說不定就能找到與自己意見相合的人了不是嗎？」

確實是有這樣的可能，但所謂「會去尋找與自己意見相合的人的那種人」，就是「想找與自己意見相合的人」的類型對吧。這種人只要遇到意見不合的時候就會離開，因此打從一開始就想找出這樣的對象，我覺得是很沒效率的行動。

還有一個例外是「發表相當偏激的意見，或是會讓某些人感到不快的

Opinion（意見），引來猛烈抨擊」的方法，就我的觀察，九成以上都會被無視，但如果有人看到並做出抨擊的話，或許是有機會成名。

但這完全不是一個聰明的辦法，為了維持這樣的影響力，就必須不斷說出偏激的意見，或是一直秉持單方面的看法，這會伴隨意見越加激進的危險性。要是發表了奇怪的貼文，就會被一路攻擊到底。

會發表這種貼文的人，都是一副「我是故意這樣做，引發話題的。我很冷靜，是刻意掀起討論才會發文」的樣子，但在大多數的情況中，很多人都是在當下就已經崩壞了。到頭來這樣的帳號也維持不久吧。我已經見過好幾個這樣的例子，真的不建議這麼做。

所以說，一開始還是強化傳達Information（情報）的部分比較好。

● 要傳達怎樣的情報？

那關於「要傳達怎樣的情報好呢？」這個問題，可以參考第228頁的圖中標出的優先順序為基準進行傳達。

最好的是①「大家都想知道，但大家都不知道的內容」。這也是理所當然吧。

接下來是②**「大家都想知道，而且大家也都知道的內容」**。**其實這才是重點所在**。會這麼說，也是因為大多數人在傳達資訊時，都會認為「大家都不知道的情報才有價值！」……

但實則不然。

像是「我爸爸每次都在星巴克點特大杯，但總是喝不完」這種事情，也包含在所謂「大家都不感興趣，但大家都不知道的情報」當中。即使得知這樣的情報也沒什麼用對吧。比起這個，本來就知道但還是會感興趣，例如「Apple 的新款 iPhone 很厲害」之類的資訊還比較引人注意。

把這一點放在心上比較好。

那麼，具體來說，要釋放出怎樣的情報比較好呢？在此先列舉出以下幾個例子。

- 「最新情報」：新聞、具有即時性的內容。難度較低，但競爭也很激烈，容易變成看速度決勝負。
- 「網路上只能找到不同語言的情報」：像是從英語圈、華語圈傳來的情報之類，這需要具備語言能力，會有很高的需求。具備語言能力的話，CP值很高。
- 「很有臨場感的情報」：需要親自跑一趟的內容。例如：實際去看《進擊的巨人》展覽時的心得。

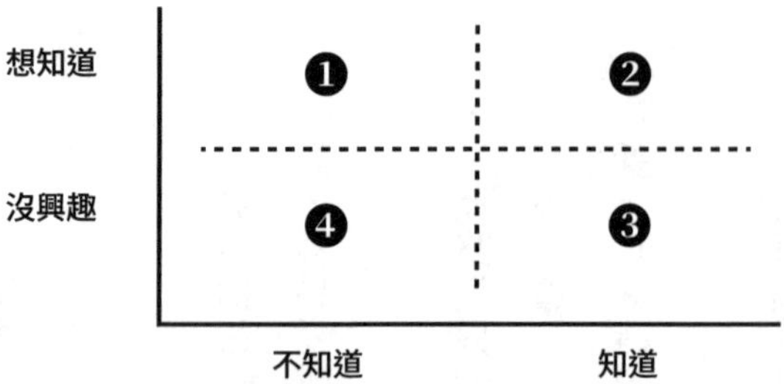

・「將複雜繁瑣的事情解說得淺顯易懂」：將大家都想知道，但因為很複雜而無法完全理解的事情，用單純又好懂的方式傳達。

總之要積極去傳達一個適合自己、自己有辦法傳達，而且網路上沒有很常見的有益情報。

順帶一提，主題還是有一致性比較好。如果關於中國的科技情報、柴犬的情報，以及樹木的防蟲情報之類的全都混在一起的話，也會讓人很難追蹤這樣的帳號。

最重要的是比起「發表了怎樣的貼文？」，在「怎樣的貼文比較好？」這方面先做出假設，並在實行之後一邊看著數據確認「是哪個地方做得好？」。

自己做出貼文的分類，並用試算表管理資料，只要持續做下去提升精準度，就會漸漸吸收成自己的東西。

●當追蹤人數超過一萬人時

接著就在此寫下當透過傳達Information（情報），讓追蹤人數累積到超過一萬之後，要採取的行動。只要超過一萬人就會變成相當輕鬆的戰鬥，所以這裡簡單說明一下。

簡而言之，只要一點一點加入「Opinion」就好了。

如果只是一味地在傳達「Information」，就會變得像單純的新聞帳號，不會給人留下印象。為了表現出角色個性，就要在Information的貼文中，一點一點慢慢加入像「這件事是這樣呢」這般獨自的意見，這樣個性也會隨之表現出來。

直到約有十萬人追蹤時，這次就要開始發表Diary（日記）了。

到了既不是 Information 也不是 Opinion，即使貼文只有「吃了拉麵」這樣的內容，也能得到一百個讚的時候，就變得非常強大了呢。順帶一提，如果是知名藝人等級，光是發個「早安」的貼文，按讚數也能破千。到了這個地步，就是不管發表任何內容都會有人給出反應的狀態。

最終以足以讓人覺得「我喜歡這個人」為目標，就會成為一個很強大的帳號了。總之，朝著這樣的發展努力吧。

●如何撰寫社群的個人簡介

社群的個人簡介也很重要，而且個人簡介配合各個階段漸漸改變比較好。在 Information 的時期就強調「主要會發表怎樣的情報？」，到了 Diary 的程度之後，就可以強調一些跟個人有關的事情……像這樣循序漸進地改變就好了。

當然，不是只改個人簡介而已，還必須判斷究竟好不好。

主要是一邊看「貼文曝光度↓個人簡介」的點擊率，並確認「點擊了個人簡介的人有沒有成為新的追蹤者呢？」這一點，只要能漸漸提升這個機率就好了。

●使用X（Twitter）的小技巧

大致上的流程就像這樣，但我想應該也有人覺得「還想了解一些小技巧」，所以在此稍微提一下。

①按讚吧！

第一步就是四處給提及自己的人按讚吧。沒必要做到像罐頭回應那樣，只要做到一定會對有提及自己、會回覆留言的人給點反應就好。可以的話，偶爾回個留言也不錯。

②無視挑釁及批判

想必會遇到有人挑釁及批判，在大多數情況下只要無視就好了。那些內容本身既不太有好處，也沒什麼壞處，但如果針對那些內容做出反應，有時候會帶來較大的壞處，所以直到習慣之前，就把那種發言當成像自然災害的東西比較好。

③不去批判他人

無論對方是名人還是政治家，還是不要針對個人做出批判比較好。越是在正義感驅使下想發表貼文，就越是該多加留意。

關於傳達情報的內容就整理到這邊，雖然方法不僅如此，但請當作一種做法參考看看。

一如「環境創造人」這句話，角色會隨著自己置身於怎樣的環境下而有所改變，行動也會跟著改變。

能用正面進攻的方式前往自己想去的環境，是相當罕見的狀況，所以請善用第三道門的方法，讓自己的角色投身於能生氣勃勃地採取行動的舞臺。

而且增加支持自己的人也很重要。人類就是一種如果沒有得到身邊的人做出的反應，就很難繼續努力下去的生物。

在推廣自己的同時也增加夥伴，藉此打造出能讓自己的角色採取行動的環境吧。

第四階段 統整

在第四階段中，論及找出能讓角色活躍表現的環境，並透過融入其中進而強化角色，改變自己等內容。

只要融入自己理想狀態的對象所身處的社交圈中，自己也會自然而然變成那樣的人。

本書雖然寫了各式各樣的思考方式及做法，但我想幾乎沒有人可以百分之百做到，因此只要覺得「也是有改變環境這般戲劇性的方法啊」、「在做得到的範疇內試試看吧」這樣就可以了。

5

section

推動故事發展

那麼，到了這一步，接下來只要用角色讓故事發展下去就好了。

在小說跟漫畫的故事當中，最經典的劇情發展就是「主角做了各式各樣的挑戰，在經歷失敗與成功的同時漸漸成長」。

一樣的道理，我建議採取**「把自己的人生當作一個故事客觀看待，並站在讀者立場，用看起來覺得有趣的方式活下去」**的做法。

這一點很重要的原因，在於人類基本上幾乎都不會去挑戰，是一種偏向保守的生物。

要挑戰新事物時，任誰都會感到害怕，若是伴隨風險的事情更是如此，所以大家才會給自己找各式各樣的藉口，避開挑戰。

為了跨越這個難關，**客觀看待自己，思考「以一個故事來說，要怎麼發展才會帶來高潮？」比較有效**。如此一來，人生中做出挑戰的次數就會增加，機會也就跟著變多了。

對此，我用「推動故事發展」來形容，如果是平坦的故事就太無趣了，所以在虛構作品中，要去推動故事。

在第五階段將要向各位介紹推動故事的方法。首先，為了推動故事就先從決定目標開始。

●就算沒有想做的事情也能設定目標？

說不定有人會生氣地想「不不不，我就沒有什麼想做的事情，沒辦法決定目標吧！」，但在此說的目標，並不是格局那麼大的東西。

人類只要設定了目標，就能很有效率地採取行動，所以大家才會想要「確立一個目標吧！」，但這對於沒有想做的事情的人來說，要決定目標本身就很痛苦。

所以本書才會在決定目標之前，先決定好自己的理想角色。

想像一下應該就能明白，如同爬山時，最重要的是「有沒有享受爬山這段過程」，山的終點並不是那麼重要。尤其以人生來說，如果變成「確實抵達終點了，但這段路程真的是糟糕透頂」那就本末倒置了。一段人生最重要的還是過得幸福，終點並不是那麼重要。

我建議各位可以把「故事只要有去推動發展就會變得有趣」的念頭放在心上。比起抵達什麼地方，或是以哪個終點為目標，更重要的是「過程充實一點比較好」的想法。

但如果沒有想爬的山，當然就爬不了山也是事實，所以，還是要有個目標才比較容易採取行動。

於是，在「故事思考」中，是利用「並非設定一個如果沒有想做的事情就設定不出來的遠大終點，而是設定好幾個短期終點」的方式，好好活用目標帶來的好處。

對於沒有想做的事情，也沒有特別人生目標的人來說，如果只是「至少三個月後可以多少看得懂一點英文就好了」的話，應該也比較容易設定。

5

section

如果是這樣，就算過了三個月發現「比起英文，我更應該要多學習程式設計」，也不會太過白費。還能避開把「自己想做的事情到底是什麼」想得太過沉重，反而動彈不得的風險。

為了設定一個短期目標，就要先思考希望自己塑造的角色可以身處在怎樣的狀況下，因此，從想像「經典場面」開始做起，這就像故事高潮的部分呢，若要說成「目標」感覺很像是最後終點，所以我試著用「經典場面」的說法形容。

●設定人生中「經典場面」的方法

創造「經典場面」的規則大概就像這樣——

①選擇定性的東西

②以會感到雀躍的形式寫下

③選擇自己容易記憶，也能流暢說出來的東西

①選擇定性的東西，意思就是「用並非數字訂下的目標」，例如「看三十本書」就是定量，因此並不適合。

②是指每當一想起「經典場面」時，便會感到雀躍不已的理想狀態。每次想到就會讓心情變得陰鬱，或是像被義務感驅使的目標是起不了作用的。基本上還是要能感到雀躍，而且想去行動的事情。

至於③，因為如果是「咦？是哪個場景來著？」這般會忘記的事情，馬上就沒辦法使用了。多下點工夫，選擇好記的東西吧。

5
section

●擬定「行動計畫」

對於「經典場面」有了明確想像之後，接下來就要擬定「行動計畫」。

這時，最重要的是盡可能把目標擬定得詳盡一點。

人類似乎有著想要維持現狀的特質，換句話說，就算擬定了新的習慣跟目標，身心也會覺得「我不要——！」呢。所以才會遲遲難以實現。難以養成新的習慣，既不是因為你的意志力薄弱，也不是因為生性怠惰的關係，所有人都是這樣，請儘管放心吧。

●如何決定「該怎麼做」？

舉例來說，這次將「參加公司內部新事業計畫競賽並贏得優勝！」的場景設定為經典場面。

但光是這樣也無法了解行動計畫的全貌，馬上就會陷入「雖然有了一個目標，但完全不知道該做什麼才好」的狀態。

這時就要決定「該怎麼做」。決定「該怎麼做」有三個祕訣，分別是「戰略」、「作戰」及「戰術」。

突然講起這個好像變得很困難，但不是要用在經營公司之類的情境，以人生來說，粗略地去擬定就沒問題了。在此簡單說明一下。

首先，戰略就是要決定「朝這個方向性戰鬥」的東西。

一般認為方向性最好用「將資源集中投入最有效果的地方，以得到最大的成果」的方式決定，就跟槓桿原理一樣，透過完全集中於「就是這裡！」的地方，得出最好的成果。

作戰則是「如果要將戰略變成具體行動」的感覺，就是一般在說的計畫、行程及資源分配的部分。

至於戰術就是基於作戰實行的具體課題跟行動。

以這次狀況來說，如果要達成「參加公司內部新事業計畫競賽並贏得優勝！」的經典場面——

戰略：針對經營團隊覺得是最大問題的領域，想出一個能得到最大報酬的事業並提出相關資料。

作戰：在繳交資料的三個月前，徹底調查經營團隊的想法以及在意的部分，並決定出方向性。在這段期間，學習並吸收從成立新事業到統整資料的相關方法。兩個月前開始統整資料。一個月前，請經營團隊及親近的前輩都確認過資料內容，並照著反饋修改後繳交。

戰術：「確認經營團隊在公司裡、採訪時說了什麼內容」、「閱讀五本關於開發新事業的書籍」（這當中會加入很多具體的待辦事項）。

類似這樣。

常見的狀況就是變成一心只想著「戰術」而已。例如明明是業種截然不同的公司，卻想著「既然要成立新事業，就來研究從事新事業順利的公司的事業內容吧！來確認一下 Google 的所有新事業！」，在沒有任何戰略的情況下，突然間就開始執行待辦事項，結果完全沒抓到重點。

最重要的是，在經歷像「決定一個感覺最有成效的事情，並鎖定方向性作為戰略的一環」的流程後，再一個個完成詳細的待辦事項。

經營管理類別的書中，常出現制定戰略的方法，但沒必要做到那麼縝密的地步。重點在於找到一個「如果朝這個方向採取行動，成功機率感覺滿高」的東西，並在擬定出大致上的計畫及行程之後，再列出一個個待辦事項。

許多人都容易犯下「下意識就從各別的待辦事項開始思考」的失誤。就算很不擅長也沒關係，最重要的是進入制定戰略的階段，因此請各位試著做看看。

●細分行動

透過將戰略、作戰、戰術分開思考進而決定「該怎麼做」之後，終於要展開行動了，然而……

5
section

若是遇到瓶頸，大家多是在這個環節碰壁。我想各位應該都經歷過「計畫是擬定好了，但沒去做」的情況，不過大多數事情最困難的地方都在於第一步呢。

所以，盡可能地細分待辦事項吧。

以這次情況來說，可能就要去調查「成立新事業的方式」，但突然間就要「看完一本書」的話，會覺得難度很高對吧。如此一來就會覺得很難實行。因此，可以從「買書」的階段開始，盡可能降低剛開始做的事項難度，就算看書很辛苦，買書就不至於那麼難了吧。

連這個行動都覺得很痛苦的話，將更簡單的事項設定成第一步或許也是個不錯的辦法。極端地來說，可以細分到這種程度——

- 拿起手機
- 解鎖螢幕
- 在網頁上搜尋「新事業、創立、書」

- 瀏覽搜尋結果跳出來的網頁
- 看網路書評
- 如果找到不錯的書就在 Amazon 買

人在要嘗試一件新的事情時，第一步真的會相當辛苦，所以盡可能讓第一步簡單一點，確實會帶來不容小覷的效果。

而且不可思議的是，無論待辦事項的格局大小，只要隨著事情一件件完成，就會產生成就感。明明只是買了書，就能得到向前邁進的感覺，就這層意義來說，細分事項確實有很大的好處。

接下來，在收到書之後可以像「只看書的第一章」、「一天就算只有一分鐘也要看書」之類，同樣也是分得很細，做出簡單的待辦事項並一個個實行。當然，就算只有「翻開書的內頁」也可以。

要做到這種地步的原因在於……「如果不實行就拿不出幹勁」的關係。通常都會以為是先有幹勁才採取行動，但如果不行動，其實也提不起幹勁呢。

應該也有人遇過「打掃前一直覺得很麻煩，然而一旦開始打掃之後，意外地打掃了很長一段時間」的經驗。人類在採取行動之前，總是遲遲難以提起幹勁。

那麼，要怎麼做才能提起幹勁呢？我對此的看法是「踏出盡可能微小的一步，總之採取行動」比較好。只要採取了行動，幹勁自然就會隨之湧現，無論如何要先踏出最剛開始的第一步。

實行的訣竅就在於「準備好五秒就可以展開行動」。例如要看書的話，就把書放在伸手就能拿到，像是桌上之類的地方，如此一來想看書的時候，五秒內就能開始行動了。光是如此，難度就會大幅下降。

反之，像是「想戒菸」、「想減肥」之類的目標，則是多花點時間才比較容易達成。如果把菸收在家中最難拿到的地方，光是要拿出來就得花上五分鐘的話，就會嫌麻煩而放棄了。

只要照著這樣做，就能做到「以經典場面為目標採取行動」的地步。希望各位記得，要推動故事的第一步非常困難這一點。但反過來說，大致決定好「想達成怎樣的經典場面」跟「要怎麼做」的話，只要踏出第一步，後續就會做得相當輕鬆了。

總而言之，第一步是最沉重的一步，請各位多下點工夫踏出去。

●推動故事的五個訣竅

為了推動故事，在此介紹了構思出會感到雀躍的經典場面，以及設定容易達成的目標的方法，但到頭來還是沒有解決「害怕得無法採取行動」的問題。要做新的挑戰時，感受到的恐懼以及嫌麻煩的心情沒那麼簡單就能消弭。

雖然沒有萬靈丹可以解決這個問題，還是有可以「多少減少一點恐懼及不安，並降低難度」的思考方式，跟其他幾種方法。在此就來介紹一下。

5

section

●1：拿紙寫下所有感到不安的事情

第一個想推薦給各位的是「寫日誌」的方法。

每天，可以的話利用早上的時間，照實寫下自己內心的想法，大概花個十五分鐘左右，寫下約三頁A4紙的內容。

其實大家並不常做「直接表達腦海中的情報及想法」的舉動。即使自認在交談中或是在居酒屋裡大肆抱怨，但其實還是會看對方的反應調整，所以多少都有做過一點加工。

但在只有自己會看的筆記本上寫下想法時，就會完全照實反映出內心的思緒。很不可思議的是，只要每天寫下三頁的內容，腦袋就能放空，漸漸會變得沒什麼好寫的呢。

一旦開始寫了，腦中的思緒就不會一直打轉，可以客觀看待現在正在思考的事情，例如要寫下「想告白但很害怕」這件事——

「好想跟那個人告白，但也很害怕告白這個舉動。要是被拒絕了該怎麼辦？要是被拒絕了，之後還會見到面也會交談，遇到那種狀況便會覺得尷尬也很討厭。像現在這樣當朋友很開心，就算維持現狀好像也不是不行，但一想到在不久後的將來，有其他人向那個人告白成功並成為戀人，我就會非常難過。既然不想後悔，還是去告白比較好吧？真的要告白的話，選在什麼地方比較好呢？但要是找對方約會的意圖太明顯，會不會被察覺我就是想告白呢？總而言之，沒有決定要不要告白就沒辦法朝下一步邁進，但是又無法鼓起勇氣告白。」

可以像這樣流水帳地寫下來。

那些在寫出來之前一直盤踞在腦海中的情報，一旦出現在眼前時，人就能客觀看待，就像事不關己一樣。

要是看著這串流水帳而產生「不，那就趕快去跟人家告白啊，就算被拒絕了，說不定還能邂逅下一段戀情，但要是一直沒有採取行動，就不會有任何進展」的想法，那就是戰勝苦惱了。

只是將自己內心所想的事情寫在紙上，不但就能客觀看待，也能從陷入思考迴圈的狀態中跳脫出來。

人類的思緒會不斷在腦海中迴圈，如此一來「與自己息息相關」的程度就會大幅提升呢，這會讓人覺得是一件非常重要的事情。

然而，一旦在紙上寫出來，就會脫離思考的迴圈，腦袋也會覺得神清氣爽。

順帶一提，應該也有人覺得「用電腦或手機寫下來也可以吧」，但對我來說，如果不是用紙筆效果就會顯得比較薄弱，所以選擇介紹這個方法。

不知道是不是數位方式本身動作就太快，才會給我「沒有思考就向外輸出」的感受。

●2：試著裝作要寫電子郵件找尊敬的人商量

也有一個與這相似的技巧，就是「寫電子郵件找人商量（但不寄出）」。雖然任誰都好，但可以的話，還是假設自己在面對身分地位較高的恩師或尊敬的人，詳盡說明情況之後，期望對方可以提供協助。

如此一來，就必須用客觀的角度，而且還要寫得好懂才行，接著自己在寄出前仔細看完整封信……會發現「咦，我竟然為了這麼簡單的事情而苦惱嗎」。

1的「日誌」跟2這個「寫信給尊敬的人」都是試著將思考透過文章的形式寫出來，並客觀看待那篇文章的方法，這樣做很容易推動故事。

在此用透過本書塑造的角色來比對會很有效果。

用剛才告白的例子來說，如果自己的角色是「不斷挑戰的人」，就會變成「不要害怕失敗，總之告白就對了！」，如果是「總是會為對方著想的體貼角色」，說不定就會變成「怎麼寫都只有環繞著『自己想告白』這一點，根本沒有考慮到對方的心情」。

當然也不是馬上就能照著角色的想法採取行動，但就算只有一步也沒關係，有所前進就好了。即使只是想產生「如果自己是這樣的角色，應該會無畏地去跟對方告白吧……」的想法，也都更接近採取行動的階段。在這當下，只要認為已經相當有進展就好。

●3：不蘊蓄點子

「沒能推動故事」的人有個顯著的特徵，那就是太過重視自己現在所想的點子，以至於動彈不得。

想推動一個故事時，總會需要一個點子。那有時會像是「成立這種事業吧！」，還有「去英語會話補習班學英文吧！」也是一種。

然而，當點子在自己心裡蘊蓄太久的話，就會不想去做了。這是因為嘗試之後卻失敗的話，那個點子就會毀掉的關係。所以大家才會一直心懷那個點子，變得無法採取行動呢。

在大多數情況下，自己抱持的點子其實也沒有多厲害。例如在跟人聊到事業計畫時，就會有人說「我有一個醞釀很久的點子」。

但聽對方說下去之後，卻發現並不是多厲害的事情。有些是「那已經有人在做囉」，或「因為這邊是這樣，所以應該不會成功」之類的內容。

真要說起來，其實大多數狀況下點子本身幾乎沒什麼價值，有執行力才最重要。像 LINE 這樣傳送訊息的服務會是一大趨勢這點，其實在二〇一〇年前後就有很多網路新創公司注意到了。大家都想做出像 LINE 這樣的東西，但成功的就只有 LINE 而已。

換句話說，點子本身幾乎沒什麼價值，如果沒有正確去實行就沒意義。

而且就算正確去實行了，99%也都不會成功。

當無法為了推動故事而採取行動的人想到一個點子時，就會顯得格外珍惜，也可以說是寶貝過頭了，但實際上會採取行動的人，都是有著大量的點子，有些可以實行，也有立刻就拋棄的東西。

能想出大量點子的人，不會那麼執著於一個點子。為了避免演變成這種狀況，最重要的還是不要蘊蓄點子。

說個題外話，之前聽在廣告代理商工作的人說，公司的新人研習中有個很有趣的地方是「讓剛畢業的新鮮人每天都盡全力寫下大量企劃書」。然後在一天結束時，拿尺去量企劃書堆疊起來的高度，並用那個「高度」做出評價，不會去看企劃書的「內容」。

我覺得這是一個很棒的研習內容。說穿了，新鮮人所想的點子應該有99%都不能用，正因如此，用「可以盡全力構思出多少有趣的內容」去測試實力反而比較精準。

如果一天做三十個企劃，五天就有一百五十個，一個月就有九百個了。在這麼大量的案子中，說不定也會出現既有趣又可以採用的內容，所以說，一直珍惜著一個點子幾乎是一件沒意義的事情。

印象中我在某本書有看到一個實驗，是將美術大學的學生分成兩組人馬，並分別下達「做出一個好作品」跟「不論品質，總之盡可能多做一點」的指示，最後將他們完成的作品拿去販售之後看會得到什麼樣的成果。以結果來說，是「做了很多的那組賣得比較高價」的樣子。

這就叫作「量質轉化」，也代表量凌駕於質的狀況。所以說，**比起只想出一個最棒的點子，大量嘗試看看還是比較好**。

還是初學者的時候更應該要這麼做，「明明還是初學者，卻打從一開始就在追求提升品質」的失敗經驗真的很常見。

如果在還是初學者時就一直為了細微的品質而感到苦惱，動作真的會變得很慢，在正要致力去做一件事的時候不斷在意那種細節的話，要耗費的成本實在太高了。

舉個例子，我就曾聽漫畫家說過，越是常把「等我畫工更加精進之後就會畫漫畫」掛在嘴邊的人，好像就越是無法成為漫畫家的類型。

而且就算下定決心要畫漫畫了，這種類型的也幾乎沒有人會畫到最後。即使畫得不好也沒關係，最重要的是要完成一部作品，但很多人都無法做到這一點。

我覺得大多數人都是因為「想要打從一開始就畫出完美的作品」，才會發生這種狀況，因為人類就是希望能展現出更好的自己。

一般來說都希望大家能認同自己是個優秀的人，也不想覺得丟臉，更不願被人評價「做得真爛」，所以會想要盡可能構思點子，講究地做個好東西出來也是理所當然，但初學者也不可能打從一開始就有辦法端出好的成品。

那就跟第一次接觸棒球的人，第一球就想轟出全壘打一樣。如此一來，幾乎所有人都會產生「先好好練習」的想法，但就算只是一味地埋頭練習揮棒，而沒站上比賽打席的話，成長幅度還是有限對吧。

意思就像這樣，如果一直蘊蓄著一個點子，為了讓它在完美的狀態下呈現於世，而耗費太過龐大的時間及成本的話，就會變成「投注那麼多成本卻得不到什麼結果」，最後便選擇放棄的狀況，這是無論如何都該避免發生的狀態。

以前堀江貴文先生曾說過一番很有趣的話。當他面對「你為什麼每星期都能寫出那麼大量的電子報呢？」這個問題時，給出「只要坐下來，直到寫完之前都不要站起來就好了啊」的回答呢。

聽起來感覺像笑話，但我覺得這是很好的建議。這樣做的話，就必須在半小時或一小時內寫出來，因此勢必要犧牲「完美」才能達成。

如果每天都勉強自己發表用這種方式寫出來的東西，技術也會跟著磨練起來，當讀者有所回應時，也能漸漸掌握到「原來大家喜歡這樣的內容啊」。

根據反饋，就會更容易掌握到需求了。

所以說，一旦太過拚命珍惜少數幾個點子，不知不覺就會變得不想實行，進而造成行動量減少，因此希望各位可以記住「不可以蘊蓄點子」這一點。

● 4：區分出「判斷」與「決斷」

各位有辦法說明「判斷」與「決斷」這兩個詞的差異嗎？其實，常會因為把這兩件事混為一談，導致無法順利行動。

因為急於「必須做出決策才行」，而在該做出判斷的地方做出了決斷；或在「問過各式各樣的意見，並調查過後再做決定」的心情促使下，在該做出決斷的時候卻做成判斷，類似這樣。

那麼，這兩者究竟有什麼差異呢？簡單來說，判斷就是「蒐集各方情報，並經過論理思考，更在決定了基準之後，經過深思決定一件事」。另一方面，決斷則是「果斷地決定『我要這樣做！』」的意思。

若要說明得更加詳盡，判斷就是——

①為了做出判斷而蒐集材料
②辨清真偽及善惡
③決定好自己的想法

「決斷」就是在明確做出決定之後，這件事就結束了。在那當中無關有沒有材料或是事實真偽。那與就「判斷」來說，基於材料決定真偽或善惡這一點，在性質上截然不同。

在肚子非常餓的時候，發現眼前長了一朵菇，而且從形狀及味道看來，決定自己的意見是「可以吃」的這段流程就是「判斷」；另一方面，「因為我現在肚子很餓，所以要拿這個菇來吃！」就是決斷。

該「判斷」的是「判斷基準相同的話，任誰看來都很有可能得出相同的結論」，例如針對「眼前這朵菇能不能吃？」這一點，只要調查一下那朵菇就會知道，如此一來就能做出「有毒就不能吃」的判斷呢。只要能蒐集到情報跟資訊，應該就能做出決定。

反過來說，決斷就是遇到「就算蒐集資料及意見，判斷也會產生分歧的事情」，或者是「得不到資料的事情」時會做的舉動。以判斷會產生分歧狀況來說，「要轉職還是要繼續留在現在的公司」就是一個例子，對於這個問題的意見，會根據問的對象產生分歧對吧。

不管做出哪個選擇，好處跟壞處都很多，就算羅列出蒐集到的資料，判斷也會因為「要重視哪個部分」而改變。如果不做好「給要重視的事情排出優先順序」的決斷，就沒辦法向前邁進。無論如何，承擔責任的都是自己，所以必須由自己決定才行。

很多人會不小心陷入「想花時間做出判斷，但因為迷惘而陷入不斷思考的迴圈」，這是最白費功夫的事。不如說這是處於「做出『不判斷』的決斷」，因此也能說是「做出最糟糕的決斷」。

為了做出決斷而蒐集材料並非壞事，但材料沒有增加多少，卻一直耗費時間就不太好了。

在這種狀況下，事先決定好「用在蒐集資料及意見的時間是一星期」比較好。以轉職來說，可以先把好處跟壞處都列出來，再將自己理解範圍內的事情全部寫下，然後找五個左右值得信任的人，請他們聽聽自己的分析，做完這些之後，就是必須做出決斷的時間點了。

順帶一提，在大多事例中，都有「早點做出決斷比較好」的傾向，因為無論花一秒決定，還是花一小時，結果都不會有什麼改變。

5

section

既然如此，大多情況都是早點做出決斷比較不吃虧。「繼續等下去情況說不定會有改變」當然也有道理，所以還是可以做出等待的決斷，但可能不知道要等到什麼時候，因此基本上還是把「要做決斷的話就立刻決定」這個原則放在心上比較好。

應該也有很多人覺得「就算你這樣講，要立刻做出決斷還是很可怕啊」，所以在此介紹一下亞馬遜的創辦人傑夫．貝佐斯先生在做的「將決斷分成兩個後，再看那個結果是否不可逆去做決定」的例子。

傑夫．貝佐斯先生在二〇一六年的股東信中提及下述這番話。

第一種決斷：既是最終結論也不可逆，就像單向通行的門。必須放慢腳步，而且再三謹慎地進行協議。

第二種決斷：可以變更，也可能恢復原狀，就像可以雙向通行的門。該由持有權限的人，或少數幾人湊成的小組迅速進行。

如果遇到第二種狀況，還是盡快做出決斷比較好，因為很有可能一邊執行的時候蒐集到正確的資訊。

做出決斷前蒐集材料，就不得不仰賴「他人做出來的資料」，必須做出決斷才行的事情，還是自己蒐集資料比較好吧，所以會建議早點做出決斷。

至於第一種情況，就我個人來說與其是「謹慎做出決斷」更接近「做好風險管理」，等一下就會說明關於風險管理的內容。

先羅列出做好決斷後可能產生的風險（並非指危險，而是指不確定要素很高），看過一遍後先想好應對方式。以那個菇的例子來說，可以列舉出「有毒的話要立刻吐出來，所以先把水準備好」、「為防止吃完才發現有問題，得先準備好可以當作解毒劑的東西」。

不是要去「迴避」風險，而是做好「管理」。關於這點會在5的「製作風險管理表」中說明。

順帶一提，前面提及《故事法則》這本書中也寫了很有趣的事情，關於「以故事來說何謂場景？」這一點，照常來想就是「場面」的意思，但這本書的想法相當有趣。

根據這本書的說法，所謂「場景」是指「交易現場」的意思。不單指金錢交易，還有角色間交涉在政治上的好處，或權力結構變化的場合。完成交易並締結新契約後，那個場景就應該結束了。

對日本人來說，聽到「交易（deal）」這個詞應該會覺得很沉重，但「deal」這個英文也常用在「Great deal.（很划算）」或是「It's not a big deal.（這沒什麼）」之類的日常對話中，是個比起「交易」再更輕鬆一點的詞彙。

然後這裡說的「場景＝交易場合」應該比較接近「碰上問題時，做出了決定，並讓狀況產生改變的瞬間，把這當作一個場景」的感覺。

所有場景都以廣義的「交易」為單位區分段落，提升做出決斷的速度。無法做出決斷就代表「場景拉得太過冗長，以故事來說變得很鬆散」的意思。

若將人生以場景為單位思考，只要留意「這個場景實在太長了，差不多該轉換場面才行」，就會比較容易做出決斷。

「故事都沒在推動耶」、「好想從維持現狀跳脫出來」的時候，就可以試著用場景區分人生階段。

不一定只能用「轉職吧」、「創業吧」之類的人生大事區分段落，只要心境上的一點轉變，或狀況的變化就能區分人生階段，故事就會推動下去了。

難以區別「判斷」跟「決斷」是因為兩者就結論來說都是在做出「決定」，但在該做出「判斷」時下「決斷」的人，以及該做出「決斷」時做「判斷」，詢問過各式各樣的人，但因為意見都很分散而迷惘，「到頭來還是無法做出決定！」的人，請特別將判斷及決斷的差異放在心上。

5

section

●5：製作風險管理表

推動故事時，如果只思考挑戰的規模有多大，應該很多人會覺得「風險太高辦不到」。像是遇到轉職、創業的情況，無論如何都會伴隨很大的風險。這時希望各位嘗試製作「風險管理表」。

說到風險，很容易會變成「承擔、不承擔」，但並非如此。**風險應該是「管理、不管理」比較重要。**

例如上山時會伴隨「被毒蛇咬」的風險，當然，「既然如此就不上山」也是一個選擇。

但所謂風險管理，就是「隨身攜帶被咬時可以用的解毒劑」、「先把附近醫療機構的聯絡電話輸入手機」之類的應對策略，在明白有風險的同時，進到實行這一步。先設想各式各樣的風險，並決定好迴避的方法，以及發生狀況時該做何對策，就能避免有風險就不去做的狀況。

進行風險管理時，先將所有設想好的風險全都羅列出來。例如想要創業，可以寫「會沒有收入」、「家人會反對」之類的事項。

接著就去想迴避風險的方法，以及實際發生時該做的對策。面對「會沒有收入」這項風險時，用「先確保潛在客戶，並做到半年都有銷售業績的狀態再創業」，或「一旦把存款用完就回去當上班族，先挑出幾間感覺可以立刻就職的公司」這種感覺因應。

停留在「創業之後沒有收入該怎麼辦……」的話，就會因為思及要不要承擔風險而動彈不得。如此一來，就只能用勇氣去思考了呢，會變成看是要鼓起勇氣創業，還是沒有勇氣所以不創業。

如果能好好管理風險，就會知道「這個程度的風險都還在可容許範圍內」，反而會因為有風險才更容易去挑戰。

在此舉個簡單的例子。

5

section

想做的事

成為自由工作者

可能發生的風險

- 因為與客戶發生糾紛，或事業本身廢止而接不到工作
- 收入不穩定導致拖欠帳款
- 無法做好自我管理，以至於工作沒有進展
- 孤獨工作太痛苦導致心理出狀況

迴避風險的方法

- 有足夠生活兩年的存款再獨立工作
- 工作步上軌道前，繼續做上班族，一邊工作一邊做副業
- 結交身為自由工作者的夥伴，互相關心身心狀況
- 先找好可以立刻回去當上班族就職的公司

- 同時接洽好幾個業主的工作，就算少一個客戶也不會傷腦筋

發生狀況時的因應對策

- 先溝通好可以回老家生活一段時間
- 先調查好評價不錯的身心科診所

另一方面，也寫下用「有沒有勇氣」為基準採取行動會遇到的狀況。如果這樣做，可能會變得很辛苦。

無論人生還是工作，那些發展順遂的人都有「不會去賭一件事」的共通點。

嘗試挑戰的人很容易在「自己就是不見棺材不掉淚，衝了啦！」的狀況下採取行動的。

例如想創業卻遲遲做不到的人，會一衝動就決定「再這樣下去一輩子都不會創業，既然如此乾脆明天就離職，逼自己面臨不得不去做的狀況吧」。

要採取某個重大行動時，把重點放在「勇氣」，於是就鼓起勇氣採取行動了。偶爾也有人因此成功，但多數都是一旦碰壁，就會被逼到越來越糟的狀況，陷入不得不做出更大賭注的狀態。

例如在「衝了啦！」的狀況下創業時……

「沒有多想就先離職，但在成立公司到正式有收入時，大概要花三個月的時間。到時存款就已經少了一百萬圓，剩下的再過三個月會見底，因此必須想個能在三個月內馬上賺到錢的生意。」

就會變成這樣。

要做出一項三個月後就會賺到錢的事業，難度當然很高。就算真的發展順利，一個月內做出某個商品，再花一個月的時間推銷並確實賣掉，通常貨款也是下個月才會入帳，所以真的相當緊迫。

依此狀況，如果將一個月內做出的商品拿去推銷卻賣不掉，就沒戲唱了，這時就變成做了一項豪賭呢。

而且當推銷了一個月，發現一個月內做出的商品賣不掉時，就只剩一個月的時間，所以不得不做出更大的賭注，例如「借款一千萬圓，再用這筆錢當資金做出新商品」的感覺。

像這樣做了商品，結果又賣不出去就糟糕了，因為這次還背負了一千萬圓的債款。

如此一來，就更要以可一舉逆轉局面的大筆收入為目標，所以下一步就變成「花五百萬圓替做出來的商品打廣告！」……然後就越陷越深了呢。

當人被逼入絕境時，就必須下更大筆的賭注，所以無法做出適合自己情況的挑戰，失敗的時候也會帶來更大的傷害。

所以說，在陷入「只能賭一把」的當下，就等同於已經敗北了。

另一方面，成功的人在開始做一件新事情時，會先打造出絕不會敗北的狀況，以及在萬一失敗時讓傷害降到最低，而做好風險管理。

例如要做出某商品時，會像「就算失敗了，也能把虧損控制在一千萬圓以內，而且手頭上有一億圓現金，所以不至於讓公司倒閉」這樣，或是「雖然要花費三千萬圓預算，但已經有個可以將三千萬圓補回來的頭緒。就算徹底失敗，也只是賺賠打平，頂多花了人事費用」這般進行調整。

放眼人生，也會在「雖然創業並開了公司，但剛開始的半年內還能靠公司的收入生活，就算一年後事業失敗，也能再回鍋現在任職的公司」的狀態下，才從公司離職。

說來可能讓各位感到很意外，但無論成功還是失敗的人，其實在籌備一項新事業時，成功機率並沒有相差多少。畢竟還會受到運氣和社會趨勢等要素影響，因此並非只是能力問題而已。

然而失敗程度會出現極大差距。如果是惡性失敗的人，一旦失敗就會受到很大的傷害，很難再次挑戰；另一方面，若是良性失敗而且知道該怎麼做的人，可以挑戰好幾次並構築起合適的體制。

所以要挑戰某些事情時，如果不在風險可以控制的範疇內，很容易踏入負面的迴圈中，請各位務必要小心一點。

●「失敗」會讓故事更有趣

最後，就來寫些關於失敗的內容。隨著故事一步步推動，必定會產生風險，當然也會遇到失敗。

失敗給人帶來「扣分」的印象，大多數人應該都懷著不想失敗的念頭，但從故事的角度來看，這反而是「加分」的發展。

一個主角沒有經歷過任何失敗的故事，應該很難稱得上好看。有時正因為有失敗跟敗北，才更具魅力。從故事的角度看來，失敗完全不會白費。

我想，很多人會因為「如果失敗了豈不會被人嘲弄」而感到不安。

或許出自人類本能，閒話在人類的溝通當中也占了大部分。實際上我也看過英國知名人類學者羅賓．鄧巴曾提出「人類的溝通有七成都是閒言閒語」的調查結果。

我雖然對藝人外遇之類的花邊新聞沒什麼興趣，但很喜歡搞笑文化，因此我的新聞探索欄位常出現搞笑藝人說過這種話，或以前也發生過這種事情的新聞內容。

如此一來，還是會不小心去看對吧。畢竟話題針對自己感興趣的對象，就算只是謠言，也會讓我不禁感到在意。

人都喜歡說閒話，所以致力去做一些事情時，會受到各式各樣的評價，流言蜚語便會傳開，像「那個人現在是當紅炸子雞」、「那個人已經沒戲唱了」之類呢。

當自己成為話題中心，會在意評論也是無可厚非，但在網路業界工作了二十年左右，讓我體認到透過謠言聽到對一個人的評價真的都不可靠，所以完全不用放在心上。

為避免說出當事人的名字，舉例來說，看到有人創業後再賣掉公司並跑去環遊世界，別人就給出「那個人已經放棄挑戰了」之類的評價，但被這樣嘲弄的當事人幾年後又再次創業，並得到更大的成功。

另外，我認識一位本來在經營匿名論壇的人，那人直到幾年前都沒特別經手什麼服務，因此被人說「已經沒戲唱了吧」，然而現在他在 YouTube 上爆紅，時不時還能看到他上電視節目，相當地活躍。

就算只是環視身邊的人，也能看到很多類似例子。

評價別人的人，很容易只因為一個「點」就做出評論。我覺得那是因為看在同時代的人眼中，覺得現在就是「終點」的關係，但如果要確實評價一個人的人生，應該要看「線」做出評價才對。

現在就算只看史蒂夫．賈伯斯以前被 Apple 趕出去這一點，也不會說「那個人沒戲唱了」。因為他的人生從一開始到最後一刻都已經很明確，我們能看「線」掌握的關係。

相對地，就算現在評價很高，有些人以後會降低，也有些人會得到更高的評價。甚至有人在死後一段時間，評價還會產生變化。

從線的角度看來，史蒂夫．賈伯斯的人生中，曾被 Apple 趕出去的失敗插曲，也成了讓故事更有深度的要素之一。

現在以社群為中心的社會，就算失敗也能變成給大家看的「作品」。失敗的作品內容能得到人們的支持，甚至帶來夥伴跟資金。

我在「ALU開發室」這個付費會員制媒體上，每天都寫下關於經營公司的事情及失敗經驗談等文章，但失敗經驗談的人氣遠遠高出許多。從這點看來，甚至讓我覺得多累積幾次失敗經驗還比較划算。

我投資了各式各樣的新創事業，反而是一天到晚發生問題的公司，它們的股東反應很熱絡。像是「不好意思，我們公司的人弄丟金融卡，導致公司戶頭被偷走了幾百萬圓！」、「被一群感覺不太妙的人瞪了！」之類的，大家看到這種奇怪的經驗談反而更加熱絡呢。

所以說，希望各位秉持著**在推動故事的時候，失敗的經驗絕對不是扣分的要素**的概念。

第五階段 統整

在第五階段寫下推動故事的方法。

「故事思考」最重視的就是「過程比較重要」。目標跟想做的事情固然重要，但我認為有目標的人本來就是少數。

所以不用定出一個遠大目標，而是想像讓自己感到雀躍的「經典場面」，定出為了重現場景所要採取的每一小步行動。比起朝著某個遠大目標努力，在人生中留下滿滿的「經典場面」還比較能充實整個過程。

那麼，本書要迎來尾聲了。

作業表⑧

選出一個經典場面
並細分行動

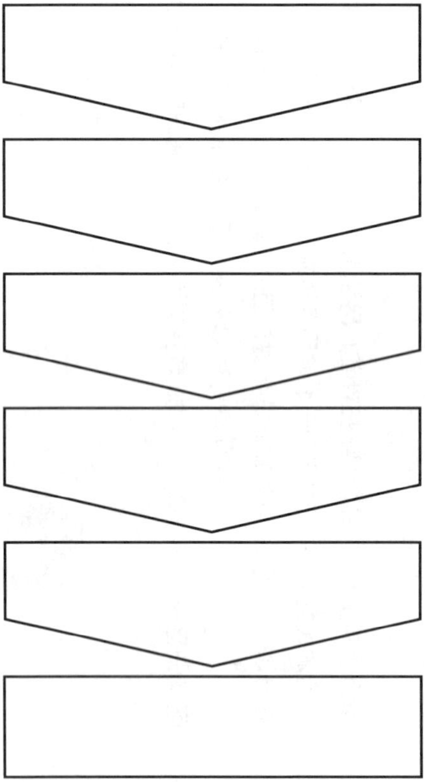

作業表⑨

把行動更進一步
分解成階段、事項

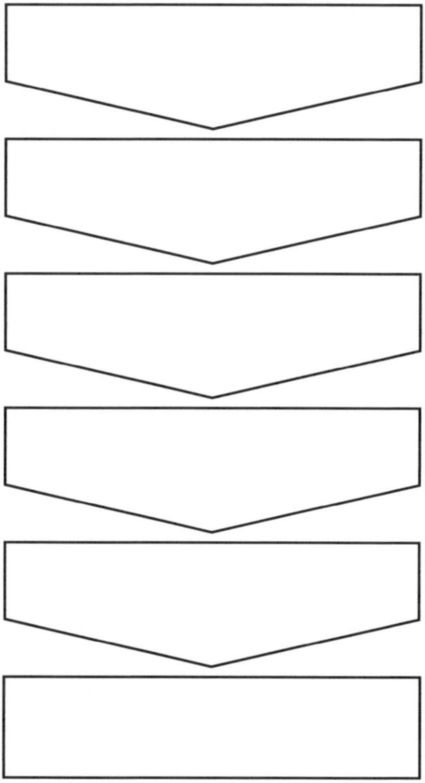

作業表 ⑩

把自己內心的想法，
以及不安的心情如實寫出來

製作風險管理表

你想做的事情是什麼？

可能會帶來怎樣的風險？

要如何迴避風險？

如果真的發生狀況時有什麼因應對策？

終章

故事沒有終點

\ LEVEL UP /

那麼，想透過本書傳達的內容，至此幾乎都傳達了。

終章就來談談採取「找到想做的事」以及「做出職涯規劃並照著執行」的方法會進行得比較順利的原因，同時重新整理本書至此的重點。

①解開限制自己的思緒枷鎖
②設定理想中的角色形象
③實際讓角色採取行動
④打造出角色可以最活躍的環境
⑤用角色「推動故事」

總之照著這樣的階段一路說明，如果要用非常簡略的話重新解釋，就是「決定好未來的理想形象，為了更接近該形象而塑造出最適合的角色，再作為該角色採取行動」。

這跟一般常見的「回顧並分析至今的人生，思考現在可以做到的事情、想做的事情，再以此為基礎擬定人生計畫」的想法是完全相反的概念呢。

●至今的方法為什麼都做得不順利？

擬定自己的人生計畫時，「先透過自我分析了解自己喜歡什麼？想做什麼？並以此為基礎擬定職涯規劃」，乍看之下好像很不錯。應該很多人在找工作時，都曾透過自我分析並回顧至今的自己，一步步掌握自己的興趣取向、想做的事以及擅長的事情。

但實際上多數人想用這種方式做人生設計時，都會苦惱於「找不到想做的事」、「不知道自己擅長什麼事情」、「想不到職涯規劃」而停下腳步。「雖然做了自我分析，還是搞不清楚自己究竟想做什麼」的人真的非常多。

若要簡單說明這樣做會不順利的原因，先來談談關於製作漫畫故事的事情。

對於沒有畫過漫畫的人來說，可能會覺得創作漫畫故事時，會先有劇情，再讓角色配合發展。大致上決定好最後的結局，朝著終點邁進的道路也都決定好，角色就是要照著走的感覺。

實際上以漫畫故事來說，劇情配合角色發展下去的狀況似乎也很常見。當然，也有很多人是劇情已經明確決定好了，但即使如此，「角色擅自動了起來，帶著故事朝意料之外的方向邁進」的狀況並不稀奇。

我因為工作的關係，有與漫畫家老師交談的機會，真的很多人都表示「以製作漫畫來說，比起講究地擬定劇情，更重要的是先塑造出好的角色」。當然，劇情跟畫工都很重要，除此之外還有各式各樣製作漫畫的指南及主張，但我從沒遇過會說「角色不重要」的人。

某位漫畫家老師還說過：「只要有好的角色，當角色之間相遇時，自然而然就會決定彼此間的對話，以及會採取怎樣的行動」。甚至直到實際畫出來前，都不曉得那些事情在相遇時會怎麼發展。劇情當然是作者自己畫出來的，但在漫畫家眼中，似乎比較接近角色自己動了起來。

我也曾聽過明明是自己構思的故事，卻因為角色擅自動起來做喜歡的事情，於是一邊氣憤地說「為什麼要做出那種事啊！」一邊畫漫畫的軼事。聽到這番話，連我也嚇了一跳。

不怕各位誤解，我就直說了，創作故事最重要的地方，在於「如何塑造角色」這一點。

照這樣來看，找不到自己想做的事情，或是職涯規劃不順利的人，基本上問題就在於「自己的角色沒有確立下來」。如果是個性鮮明且很有魅力的角色，就算不用那麼辛勞應該也能做到。

時不時有年輕時就決定好想做的事情，並筆直地朝著目標前進的人，角色大多都很明確。我甚至覺得應該是因為有個明確的角色，才能決定要採取的行動。

像本書一再強調的，「設計一個最適合朝著理想狀態邁進的角色，並以該角色身分採取行動」來推動人生才是最有效果的方法。

●無法預測「未來會變成怎樣？」

稍微思考一下，現實人生不同於虛構故事，沒人知道會發生什麼事情。無論身處哪個時代，不管是怎樣的天才，都無法預測未來。

假設在明治維新時期出生的人活到一百多歲，就會從綁著武士頭的武士時代，經歷二戰後迎來的高度經濟成長期，這是僅次於美國的世界第二經濟大國的時代。這樣的人生不可能有辦法預測對吧。

現在這個時代變化速度更快，科技進步到已經無法預測的地步，是不可能做出職涯規劃的。就算拚命思考，能照著實現的可能性也非常低。

以我的經驗來說，念國中時完全沒有從事網路工作的念頭，因為當時幾乎不存在網路事業。直到大學畢業，以應屆身分出社會時，也沒想到十年後自己竟然在製作手機應用程式，因為那時幾乎沒什麼人在使用智慧型手機。更沒想到又過了十年，自己會從事製作ＮＦＴ和用ＡＩ做出服務的事業，因為這在當時是幾乎不存在的。

在短短十年間，都能發生將現在還不存在的東西當成事業的事情呢。

但如果設定好「從未來理想狀態回推，塑造出充滿魅力的角色」，無論面對任何狀況，都能朝著理想狀態採取行動。舉例來說，一個宛如織田信長般帶來變革的角色，在現代會採取什麼行動，其實滿容易想像得到。感覺會徹底活用ＡＩ科技，朝著目標奮勇前進，行動時完全不會局限於現有常識，並創造出新的活用方式。

就算設定好想做的事及職涯規劃，也常因為意料之外的事而泡湯，但只要塑造出角色，無論面對怎樣的未來都能做出合適應對。

●塑造角色的優點在於「可以客觀看待」

塑造角色還有另外一個很大的優點，就是「能客觀看待自己」。換句話說，就是置身事外反而比較容易消除迷惘和不安。

幾乎所有人遇到自己的事情時，態度都會變得很謹慎。因為太過重視自己，所以會本能地避免暴露在危險之中。正因如此才會無法決定「想做的事」，即使擬好職涯規劃，仍覺得難度很高。何況還會陷入「受到不安的影響而變得謹慎，行動也隨之變得奇怪，行動變得奇怪人生就會過得不太順遂」的陷阱中。然而就算看了「鼓起勇氣採取行動吧」的商業書籍，也沒辦法突然改變行動。

但是，若能站在「如果是這個角色會怎麼行動呢」的客觀立場，就能正確了解到「不過換作那傢伙應該會這樣做吧」。能像「換作是○○會這樣行動」這般置身事外地思考，會覺得非常輕鬆。在看電影或漫畫時，去想「如果可以這樣行動就好了」應該很簡單吧。如果可以這樣客觀看待自己的角色就好了。

●為什麼不叫角色思考而是「故事思考」？

寫到這，各位或許會想「既然角色這麼重要，那不要用『故事思考』，說角色思考不就好了嗎？」，但我之所以拘泥於「故事」是有原因的。我認為「人的思考及行動會因為故事產生很大的變化」。

《故事洗腦術：從商業行銷、形象塑造到議題宣傳都在用的思想控制法則》書中提及「故事是打動他人內心唯一且最強的方法」。作者以「溝通是為了讓他人服從（順著自己的意思）而存在」為主旨撰寫這本書，其中也有傳達出「故事會給人的思考及行動帶來很大影響」的概念。

我認為既然故事最能給一個人的思考、行動帶來影響，用在自己身上，人生應該也能朝更好的方向發展。所以重點並不在於徹底變成角色，而是以角色活出故事比較重要。

大多數人「透過自我分析，找出自己想做的事，並擬定職涯規劃」，這會讓人下意識以延續過去為前提構思故事。因為至今度過這樣的人生，所以預測往後的人生應該會這樣。

但如本書所提及，過去不會帶給現在的自己太大影響。不如說從「未來的自己想變成怎樣？」去回推並決定現在的行動。正因如此，最重要的是「對未來有了理想概念後，再透過塑造角色採取行動、改寫故事」。

故事雖然是你未來要步上的人生，但用一句話簡單說，**就是「主角的成**

長故事」，為了成為理想中的自己而構思的故事。

任誰都不知道未來會發生什麼事，或變成什麼狀況，但那都不會改變主角為了成為理想中的自己漸漸成長的故事大綱。

只要把作為故事這點記在心裡，就能提升接受度，進而改變想法及行動。就算故事中有細微狀況而出現變化，**故事大綱一直都是「你作為主角，為了成為理想中的自己，一步步成長的故事」，這個大綱並不會跟著改變。**

另一方面，決定好想做的事情，並擬定職涯規劃的方法，在發生意料之外的狀況，和當時代進展到不再需要事前決定好想做的事情時，就得重做一次故事大綱。如此一來，又要從自我分析、找出想做的事情開始做起。

為避免這種狀況，希望各位基於「故事思考」的做法構思出**「從未來的理想狀態回推，並塑造出朝理想狀態邁進的角色，再一步步採取行動」**的**「成長故事」，並刻意改變自己的思維及行動。**這正是本書想傳達的事情。

所以說，如果能以本書為契機，讓你化身故事主角，朝著理想中的自己一步步成長的故事邁進，我也會感到很開心。

加油吧。

終章 統整

故事漸漸來到尾聲。

在終章，論及正因為身處無法預測未來的時代，更應該採取塑造角色，而不是設計職涯規劃的方式，比較容易做出應對。

因為人類是會受到故事影響，而改變想法、行動的生物。

所謂人生就是「作為主角，為了成為理想中的自己而一步步成長的故事」，所以——

加油吧。

後記

最後，就來寫下像是「後記」的內容吧。

我身邊雖然很多朋友都是經營者或創業家……但大家都說「不想寫類似自我啟發的書」。

我能明白那種心情。畢竟我一直以來也只想寫帥氣的自傳、專業書籍，還有關於最新技術及知識的書。雖然收過很多出書邀請，但我只寫過技術方面的書籍。

然而……我回顧了一下，發現自己真的非常喜歡看自我啟發的書呢。我知道自己的能力低落，精神層面也不是很堅強，個性完全無法跟強大的人一樣可以順利發揮領導能力，所以想藉由讀遍自我啟發的書籍，看能不能改善狀況。

就結論來說，我發現「只要拚命看書並照著去做，其實還滿有效」。打從學生時代開始，我就一直看大家都瞧不起的自我啟發書籍，並實踐了很多方法。

這樣的我要帥地說「我才不想寫什麼自我啟發的書」，感覺就不太對了。所以，我努力寫出了本書。

順帶一提，本書是以「ＡＬＵ開發室」（http://salon.jp/alu）這個付費雜誌媒體上所寫的文章為中心，重新構築而成的內容。在「ＡＬＵ開發室」中，每天都會發表三千字左右的文章，因此喜歡本書的讀者請務必搜尋看看。另外，我也常在網路上出沒，如果關於本書內容有不了解之處都歡迎提問或留言，請別客氣。

以下是像是謝辭的一些話。

本書在編輯箕輪厚介先生的邀請下決定撰寫，雖然花了一年以上的時間，但一直重寫到自己能接受的程度，讓內容越加純熟，並經過一再議論才完成的書。箕輪先生無疑是一位天才編輯。如果沒有他的建言，想必就無法寫完這本書。

得到許多關於上述提及的「ＡＬＵ開發室」的反饋，請容我在此一併致上謝意。

另外，我也由衷感謝每天帶給我刺激和建議的組合金剛的西野亮廣、資訊科技評論家的尾原和啟先生、協助我執筆的岡島、讓我感受到網路世界的魅力的博之先生及糸井重里先生，還有增加我在歷史方面知識並拓展視野的COTEN的深井龍之介先生。如果還要繼續點名下去可能會超過一千個人，我就不多說了，但真的非常感謝大家。

但願本書可以替各位讀者的人生帶來一點改變的契機。

二〇二三年五月十五日古川健介（KENSUU）

國家圖書館出版品預行編目資料

故事思考：讓「過程」變得精采，專屬於你的人生設計術 / 古川健介 著；江宇婷 譯. -- 初版. -- 臺北市：平安文化有限公司，2025. 01
304面；21×14.8公分. --（平安叢書；第828種）（邁向成功；105）
譯自：物語思考 「やりたいこと」が見つからなくて悩む人のキャリア設計術
ISBN 978-626-7397-99-2(平裝)

1.CST: 自我實現 2.CST: 成功法

177.2　　113019191

平安叢書第0828種
邁向成功叢書105

故事思考

讓「過程」變得精采，專屬於你的人生設計術

物語思考「やりたいこと」が見つからなくて悩む人のキャリア設計術

作　　者—古川健介
譯　　者—江宇婷
發 行 人—平　雲
出版發行—平安文化有限公司
台北市敦化北路120巷50號
電話◎02-27168888
郵撥帳號◎18420815號
皇冠出版社（香港）有限公司
香港銅鑼灣道180號百樂商業中心
19字樓1903室
電話◎2529-1778　傳真◎2527-0904
總 編 輯—許婷婷
執行主編—平　靜
責任編輯—林鈺芩
封面設計—Dinner Illustration
內頁設計—李偉涵
內頁插畫—前田高志、小野幸裕（NASU）
行銷企劃—謝乙甄
著作完成日期—2023年
初版一刷日期—2025年1月

法律顧問—王惠光律師

讀者服務傳真專線◎02-27150507
電腦編號◎368105
ISBN◎978-626-7397-99-2
Printed in Taiwan
本書定價◎新台幣元420/港幣140元